指 揮 の 要 諦

指揮者の心得

監修　東京消防庁

緒　　言

　本年は、関東大震災から100年となる節目の年となります。

　激甚化する自然災害、増大する救急需要、大規模・複雑化する対象物など、絶えず社会は変化し続けています。

　一方、東京消防庁では、職員の年齢構成の若年化、火災件数の減少に伴う経験不足などから、「現場経験豊富な職員が主流の組織」から「経験値の少ない若い職員中心の組織」へと、転換期の中にあるのが現状です。このような中においても、「指揮能力」、「消防活動能力」、「危機管理能力」といった「現場力」を向上させなければなりません。

　災害現場において、指揮本部長は、消防活動の核であり、原動力となります。いかなる事態に直面しても、沈着冷静、旺盛な責任感と確固たる信念をもって部隊を統率し、その職責を最も効果的に遂行しなければなりません。

　また、各級指揮者は、命令に基づき、部下隊員を指揮して所要の任務を遂行し、指揮本部長の意図を最も効果的に実現しなければなりません。

　「指揮」とは、決断し、実行し、責任をとることであります。「要諦」とは、物事の最も大切なところ。肝心かなめであります。

　本書「指揮の要諦」は、署隊長、副署隊長、大隊長、幕僚等が災害現場において状況を把握し、決断し、実行し、責任をとるために最も大切な要点を説明しています。本書の内容を指揮本部長だけではなく、各級指揮者も参考として研鑽を積むことで、指揮本部長の思考を理解し、より良い活動となるよう期待しています。

　先人の多くの経験、教訓を糧として、指揮本部長等となる方々の指揮能力向上につながることを願います。

　　令和5年3月

目　　次

第1章　指揮の要諦

第2章　指揮本部長の指揮要領

第3章　各種指揮要諦（「東京消防庁　消防活動基準」抜粋）

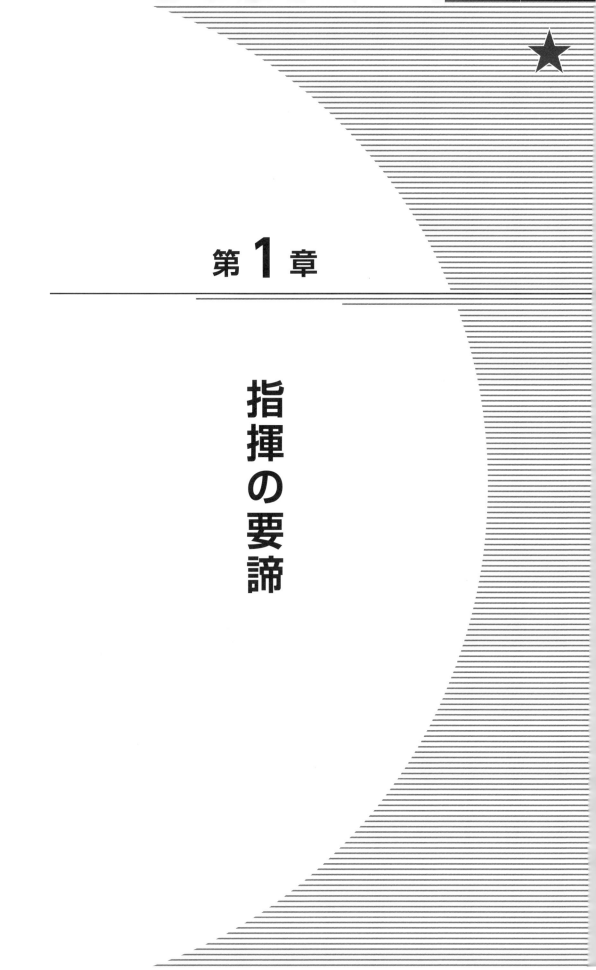

第**1**章

指揮の要諦

第1節　部隊指揮

火災初期の延焼状況

第1　消防活動の特性

消防活動は、他の一般的な組織体の活動とは著しく異なるものがある。消防指揮の特性は消防活動の特性に起因するものであるから、消防指揮を考える場合には、まず消防活動の特性を明らかにする必要がある。

1　災害の拡大危険

消防の活動対象である災害は、火災・水災であっても、また風災のようなものであっても、単なる自然現象ではない。必ず被害が伴う。その被害発生も一過性でなく、時間の経過とともに被害が拡大して行くところに特性を認めることができる。

消防活動は、単に災害の後始末というような消極的なものではない。拡大しつつある災害を組織された消防部隊により、即時実力行動をもって、災害を制圧し安全な状態に回復させる活動である。災害の拡大危険性が消防活動に及ぼす影響は、主として次のとおりである。

第1に、消防活動は迅速かつ安全でなければならない。また、拡大し変化する状

火災最盛期の延焼状況

況に即応できる機敏性と柔軟性が要求される。

　第2に、消防戦術は、直ちに実施できるものでないと価値はない。戦術内容がいかに合理的であっても、いかに精緻巧妙であっても、実施困難であったり準備に時間を要するものは、戦術としては不適である。

　第3に、消防指揮においては、即決断、即実施が最も重要である。通常、災害現場では、戦術を検討する十分な時間はない。そして指揮判断要素等が状況不明下であっても、決断を躊躇することは許されない。

2　行動危険

　災害活動には危険がつきものである。火災現場を例にとれば、火煙や熱のほか、火災の推移によって生じる落下物、建物倒壊等は、隊員の行動を著しく阻害する。

　また、隊員は通常は避難すべきところに接近又は進入し、行動を妨げるものがあれば破壊してでも強行する。また、長時間に及ぶ過酷な任務は、著しく体力を消耗して疲労が増大し、注意力、思考力も減退する。これらが複合し、危険性はおのずと高まることになる。

　消防活動は、常に危険性が伴うと考えなければならない。したがって、指揮者は部隊指揮を行いながら、一方では常に隊員の安全を確保することに配意しなければならない。つまり、消防指揮は、任務遂行と安全確保という対立的な二つの要素を同時に満足させるものでなければならない。

火炎の噴出状況

3　災害の偶発性

　災害の発生に予告はない。時と場所を問わず突発的に発生するものである。そして、発生した以上は、どんな事情があっても直ちに対応しなければならない。そのため、消防機関は、常時即応の状態で待機することを余儀なくされる。

　常時即応という概念が消防機関ほど重要視される機関は、ほかにはない。それは24時間一瞬といえども間隙のない勤務形態となって現れ、勤務時間内の強い拘束も災害の偶発性に起因するものである。

4　活動環境の異常性

　災害現場は、平常の場とは異なり、一種の危機場面である。人々は、自己の住居、所有物に対する執着と危険からの逃避との葛藤にあり、かつ急速に処理する必要に迫られるため、その手段を見失い、呆然自失し、あるいは無意味な行動に固執し、混乱状態に陥っている。また、消防部隊においても常時即応の体制で待機しているが、災害の発生は心理状態を緊張させ、一方向に集中しやすい。これは、ややもすれば不適切な行動の原因ともなる。このため、感情に走って理性的統制が失われ、組織活動を阻害することがある。

　このように、組織内外の人々が異常心理になっているとき、組織を維持するための消防指揮は、強力なリーダーシップと規律が必要になる。

1　大隊長が指揮本部長となる場合

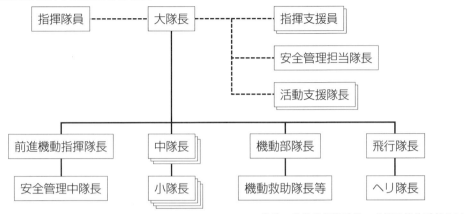

備考　実線は指揮系統、点線は補佐系統を示す。

2　副署隊長が指揮宣言して指揮本部長となる場合

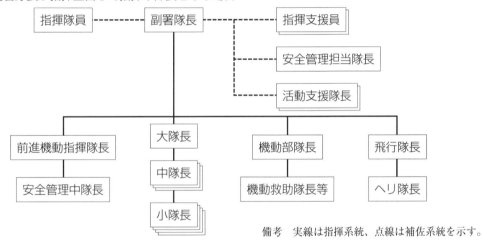

備考　実線は指揮系統、点線は補佐系統を示す。

図1－1　第1指揮体制

 ## 第2　指揮体制

　災害現場において、消防がその任務を効率的に遂行するためには、組織としての総合力を発揮することが大切である。出場各隊が、指揮本部長の意図に基づき、各級指揮者の指揮によりそれぞれの任務を遂行して、初めて組織としての総合力が発揮できる。

　本来、組織活動は、統括する指揮者に直接教育訓練され、信頼関係の築かれた同一所属の部隊をもって活動することが望ましい姿である。しかし、災害に対応する消防部隊は、災害の拡大危険という消防活動の特性から迅速性が優先されるため、発災地中心主義の原則により計画されており、必ずしも各級指揮者が直系の部隊のみではな

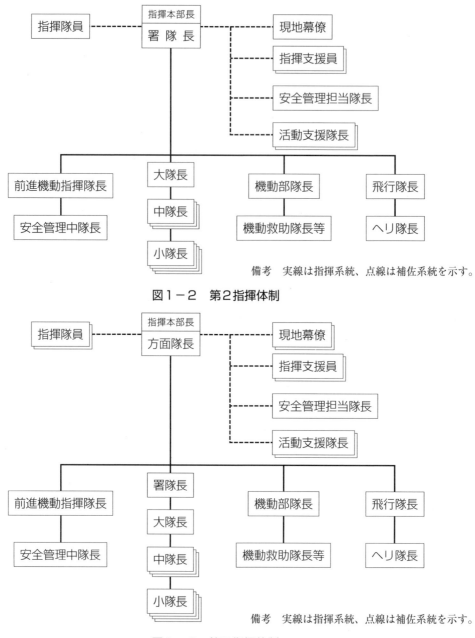

図1−2　第2指揮体制

図1−3　第3指揮体制

く、命令、統制についての意思疎通が図りにくい。したがって、そのような場合にも、指揮機能が混乱なく機能するよう指揮体制を確立しておく必要がある。

1　指揮組織

　東京消防庁における消防部隊の指揮組織は、**図1−1〜1−5**のようになっている。図の中で、太い縦線の系列にあるものはライン、つまり指揮権を有するものであり、横に点線で結ばれているものはスタッフであり、指揮権を有しないものであ

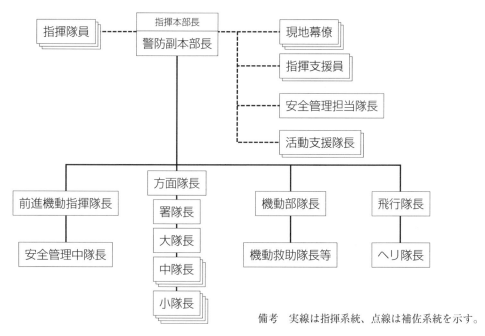

備考　実線は指揮系統、点線は補佐系統を示す。

図1-4　第4指揮体制

る。

　図を見れば明らかなように、階級が上位であっても指揮権のないものもあり、また下位の階級にあっても指揮権を有するものもある。指揮権の有無と階級とは全く別であって、ラインやスタッフは階級で決定されるのではなく、一つの職制であると考えるべきである。

　指揮系列（ライン）に属するものは、自己の指揮権限の範囲内で部下を指揮し、積極的に任務を遂行しなければならない。「積極的に」という意味は、指揮者は常に上級指揮者からの下命事項を実施に移すことはもちろんであるが、下命事項を通じてその根底にある下命者の意図を実現する姿勢が大切である。

　また、指揮系列は、いつ、いかなるときでも尊重されなければならない。このため、命令や報告は、指揮系列に従って行う必要がある。しかし、緊急の場合又は危険が切迫している場合は、指揮系列を飛び越えて、命令、報告がなされる場合もある。それは、消防活動の特性からみて当然起こることであり、その場合、上位の指揮者は当該指揮者に対し速やかに下命又は報告事項を下達しなければならない。そうしないと、指揮者は状況が理解できなくなり、事後の指揮が事実上困難になるからである。

　次に、スタッフは、指揮権を有しないのが原則である。もし、スタッフが個別に

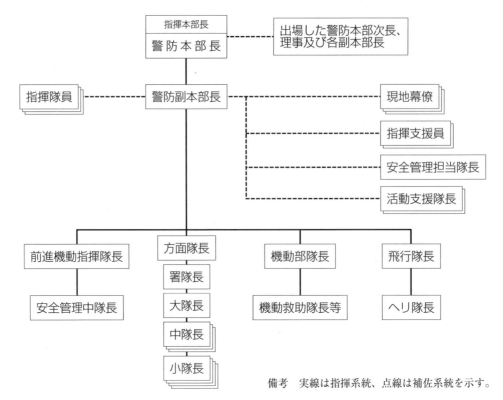

図1−5　消防総監が出場した場合の指揮体制

指揮権を行使すると、各指揮者の責任が不明確になる。ただし、消防活動は時間の制約が厳しいために、スタッフがラインを補佐し、ラインが命令するという行動原則によらない場合がしばしばある。この消防活動の特殊性を考慮して、指揮本部長の特命あるいは緊急の場合は、スタッフでも部隊指揮がとれるように定められている。

　なお、スタッフは、指揮本部長の判断資料を収集し、進言し、その一部を分担して指揮に当たる立場にあり、現場統括を下位の指揮者が行っているときは、指揮本部長を指導して方向付けを行い、あるいは申し出て重要任務の指揮を行う積極性が必要である。

2　指揮本部長代行

　消防活動においては、指揮本部長は誰か、ということが常に明確にされていなければならず、また、どんな事態においても指揮本部長は、消防活動中欠けてはならないものである。しかし、場所によっては、指揮本部長の到着が遅れたり、他の災害等で出場できない場合があるので、任務の代行者を明確に定めている。

指揮本部の運営状況

(1)　最先着中隊長等

　　中隊長は、特命出場で中隊などが活動する場合は、その現場の指揮責任を有するが、大隊長等上位の指揮者が指揮本部長となるべき現場に先着した場合は、上級指揮者が到着するまでは、自ら指揮宣言を行った上で指揮本部長の任務を代行しなければならない。つまり、最先着中隊長等に指揮本部長の権限と責任を付与しているものであり、後着の中隊長等は、指揮宣言を行った指揮者の指揮の下に活動しなければならない。

　　上級指揮者には出張所長も含まれるから、出張所長が到着し、指揮宣言が行われたときは、指揮権は出張所長に移行する。第1出場の火災等では、大隊長到着以降は、本来の指揮体制が確立されることになる。指揮本部長代行者は、指揮本部長に引き継ぐ際に、災害の経過及び実施した措置を簡潔に報告し、指揮活動に断絶が生じないようにしなければならない。

(2)　副署隊長

　　副署隊長は、原則として、第2指揮体制以上において幕僚として位置付けられているが、署隊長代行という立場もあることから、自ら必要と判断した場合は、第1指揮体制時において指揮宣言して、指揮本部長となることができる。

(3)　上級指揮者が到着するまでの指揮本部長

　　災害の状況により、上位の出場を要請した場合、上級の指揮本部長が到着する

まで若干の時間を要するのが普通である。このつなぎの時間帯の指揮本部長は、現場にある指揮本部長が引き続き行うことになる。例えば、指揮本部長である署隊長が第3出場を要請した場合に、方面隊長が到着するまでは、署隊長が自己の名において指揮本部長を行うものである。

(4) 指揮本部長と上位階級者の指揮権

指揮本部長の上位階級者は、自己の判断により自主的に出場することがある。例えば、第1出場で大隊長が指揮本部長を行っているときに、署隊長が来場することがよくある。状況によっては、方面隊長が来場する場合もある。この場合、上位指揮者が到着したことによって自動的に指揮本部長が上位者に移行するものではない。もちろん、必要があれば、上位者は、指揮宣言した上で指揮本部長を行うことになるが、その意思表示がない限り、たとえ上位階級者が現場にあっても、指揮権は移行するものではない。

第3 指 揮

1 指揮の定義

指揮とは「さしず」することであり、消防指揮は「指揮者が指揮権に基づき、自己の意図を実現するために組織を活用し、部隊又は個人に一定の行動を強制すること」と定義される。

指揮者は、その任務を遂行するため、指揮権を行使して、指揮下の部隊又は隊員に意図する活動を実施させる。指揮権は大・中・小隊長など職に伴って個人に与えられる権限であり、指揮にはその権限に相応する責任を伴うものである。

2 指揮責任

(1) 行動責任

部下は、指揮者の命令を忠実に実行する立場にあるから、部下の行動及びその結果については、指揮者が全責任を負うものである。隊員の自覚として、「自分たちの行動がよい結果を生めば、指揮者はそれなりの評価をしてくれるし、たとえ失敗しても指揮者が責任をとってくれる」という確信があって初めて隊員は激務に耐え、命令を履行するものである。

もし、指揮者が命令を出して、責任は部下に帰するというのであれば、部下には何の保障もなくなり、危険でとても命令に従うわけにはいかない。

小隊長は自己隊員の行動を、中隊長は指揮下の小隊について、指揮本部長は全出場隊について、それぞれ上位の指揮者に対し責任を負うものである。隊員の活動が自己の命令に基づく行動でなくとも、その行動を許容したという意味で責任を回避することはできない。

換言すれば、自隊の行動に関し、指揮者が責任をとらなければ指揮系統は成立しなくなり、その組織は成り立たない。

(2)　任務の遂行責任

任務の完遂は、指揮者の責任である。消防活動において、各隊のあらゆる行動は、行動目的、行動目標によって意義付けられ、その目的、目標の達成によりその存在価値を有する。人命救助・延焼阻止等の任務・命令は、この目的・目標を示したものである。消防活動は組織活動であり、指揮本部長は、総合力をもって災害による被害を最小限にくい止めようとする。

それは、出場各隊がそれぞれ下命を受けた任務を完遂してこそ成り立つものである。もし、一隊でも指揮本部長の意図から逸脱し、局面のみに目を奪われ、自己の判断で勝手な行動をしたならば、組織としての総合力は発揮できないばかりか、被害が拡大したり、他の隊に危険が及ぶことにもなる。

したがって、指揮者は、自己隊の任務を確実に把握して任務遂行を図らなければならない。

3　指揮権

(1)　命令権

指揮権の中核をなすものは、命令権である。部下に一定の行動をとることを要求する権限であり、そこには規律が保たれていなければならない。

命令と服従の関係を規律といい、どんなに混乱した現場においても厳然と維持されなければならない。規律が失われれば、部隊は混乱し、烏合の衆となる。消防活動における命令は、苦痛や危険又は実行に際して困難が伴うものがほとんどであるが、それらの困難を克服して命令が忠実に履行されるのは、指揮者及び受命者の使命感と相互信頼に基づく規律の作用である。

(2)　指揮権の絶対性

組織活動を行う上で、命令系統の一元性を確保することは極めて大切である。

指揮者は、部下の行動に全責任を負うものである。指揮者の権限を尊重し、み

はしご車からの放水状況

だりに干渉してはならないものである（絶対性）。

　しかし、消防活動は時間との勝負であり、軍の戦闘とは異なった特異性を有することから、相互指揮関係は、これを次のように理解すべきである。

ア　並列関係にある隊の不干渉

　　A隊の長は、B隊の隊員の指揮をしてはならない。ただし、B隊が2方向で活動中で、同時に双方の指揮を行うことが困難であり、A隊長にB隊長が依頼した場合を除く。

　　なお、現場では、特定の面に混成状態で活動するのが通例であるが、長時間に及び統一的な活動が必要な場合は、指揮本部長がその局面の担当指揮者を指定することが必要である。

イ　指揮本部長となるべき大隊長と副署隊長の指導

　　大隊長と副署隊長が同時に現着し、副署隊長が指揮宣言をしない場合であっても、大隊長に対する指導責任を免れるものではない。消防活動は、初期の判断と対応を誤ると、大事故に発展するおそれがある。

　　一方、指揮者は、小・中隊長→大隊長→副署隊長と段階を追うごとに、より高度な判断教育を受け、訓練を積んでいる。上位の指揮者の戒めるべきことは、「見て見ぬふりをしない」ということであり、総合的な判断に基づく積極的な指導が大切である。

図1－6　指揮活動の基本的なパターン

　　ウ　幕僚となる副署隊長等の指揮

　　　第2章第1節第2「幕僚」を参照されたい。

　　　なお、前ア～ウにかかわらず、次の場合は、緊急措置として指揮権を有しない者でも部隊指揮を行うことができる。

　　⑺　隊員に危険が切迫した場合

　　⑻　その措置を講じないと被害が著しく拡大すると認められる場合

　⑶　行動評価

　　　部下の行動評価に当たっては、指揮者の意見が十分尊重されなければならない。

　　　指揮者は、自らの権限と責任において部下に命令し実施させた当事者であり、また、その行動を最も正確に把握し、その効果も判断できる立場にある。したがって、行動評価に当たっては、指揮者の意見が十分に尊重され、表彰等にも反映されることが肝要である。

第4　指揮活動の基本

　災害現場で指揮本部長が第一になすべきことは、実態把握である。実態が不明のまま活動を展開すれば、効果が期待できないばかりでなく、危険である。

　建物の内部構造がどうなっているのか、人命危険や作業危険はあるのか、周囲への延焼危険はどうか等をできるだけ確実に知る必要がある。実態を把握するためには情報が必要であり、情報収集は現場活動の始点である。情報を収集している間にも、各隊は行動を開始しているから、できるだけ早く情報を収集し、実態把握に努めなければならない。情報をもとに実態を把握し、何をなすべきか（意図）、そのための部隊配備と任務はいかにすべきかを決心する。

　指揮本部長の決心は、直ちに命令という形で関係指揮者に伝達され、実行される。しかし、決心のときに前提となった状況は、必ずしも実行のときの状態ではなく、変

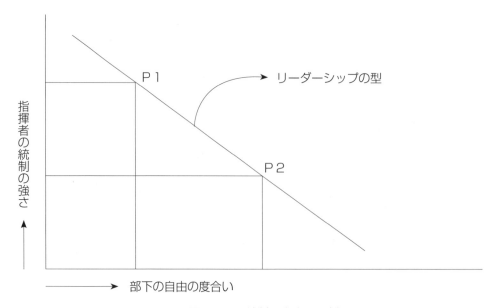

図1-7　統制と自由の関係

化していることが常である。指揮本部長は、終始自己の意図と実行した結果の適合度合い及び効果を評価して修正し、更に活動結果が明らかになれば（実態把握）再度状況を判断し、部隊増強や転戦といった新たな決心を行い、命令となって関係指揮者に伝達される。指揮活動は、このように指揮サイクルとして現場活動終了まで継続されるものである（図1-6参照）。

 ## 第5　リーダーシップ

1　リーダーシップのタイプ

　　リーダーシップとは、「組織目的のために進んで努力するように、組織の構成員を感化すること」である。部下に対して動機付けを行い、モラルを高め、チームワークを強め、部下の自己啓発を助長するなどがこれに当たる。

　　リーダーシップには、いくつかのタイプがある。その一つは、一方的に命令し服従を求める方法である。つまり、部下の行動を指示し統制しようとする、いわゆる専制的リーダーシップと呼ばれる方法である。

　　もう一つは、個人の自主性と責任を強調するタイプ、すなわち、民主的リーダーシップと呼ばれる方法である。専制的リーダーシップが、人の能力や仕事の成果を重視するのに対し、民主的リーダーシップは、人間関係論、集団意思決定論、行動科学論を踏まえて、構成員の心理状態に強い関心を示し、構成員の意思を尊重して

方向付けを行い、業務を推進する方法である。

　この二つのリーダーシップの関係を図示すると、**図1-7**のようになる。

　指揮者の統制の強さは目標指向の強さであり、部下の自由の度合いは人間関係指向の度合いでもある。P1のタイプの指揮者は、専制的リーダーシップのタイプであり、その組織は統制が厳しく、部下の自由の度合いは少ない。一方、P2タイプの指揮者は、民主的リーダーシップのタイプであって、統制が緩やかで、部下は比較的行動の自由を確保される。

　いずれにせよ、リーダーシップは、リーダー（指揮者）の性格、部下の能力、仕事の性質、時間的な緊急度などの諸条件のもとに発揮されるもので、あらゆる事態にも万能ではない。現代組織論においては一般的に、民主的リーダーシップが優れていると認識されているが、全てに通じるものではない。

　例えば、日常の事務執行に当たって部下の意見や提案に一切耳を貸さず、専制的リーダーシップを押し通したとする。一時的には能率は上がるかもしれないが、長い間には上下の信頼関係を損ない、部下は道具と化して仕事への意欲を失い、リーダーの指示がなければ機能できない組織となってしまうであろう。しかし、火災等災害現場のような切迫した危機的な場面においてはどうであろう。燃えさかる火災を目の前にして、指揮者が隊員を集め、とるべき行動について協議を尽くし決定を下すというようなことは到底考えられない。このような状況においては、むしろ指揮者の専制的又は権威的リーダーシップが求められる。

2　状況の法則

　一般には、組織集団が安定した状況にあるときは緩やかなリーダーシップが有効であり、危機的状況にあるときは専制的リーダーシップが効果的である。

　人は本来、誰からも干渉されずに自由に行動したいという願望がある。しかし、予想もしなかったような場面に遭遇したり、危機的状況に陥ったときは、自分の行動を決定することができず、能力を有する者から明確な指示を受けたいと希望する。例えば、災害現場にいる一般の人々は、消防の指示に素直に従う。また、航空機が緊急事態に陥ったり、ハイジャックされたりした場合には、乗客は客室乗務員の指示に忠実に従うという。

　これは、別に消防や客室乗務員に威圧されて不承不承に従ったり不本意ながら従っているのではない。人々は心底からその指示に同意し、その指示どおり行動するこ

共同住宅火災中期の延焼状況

とが、自己の利益に合致すると考えて従うのである。

　思いもかけぬような危機的事態に直面して、どのような行動をとっていいか分からないとき、信頼できる立場の人から明確に行動方針を示されることは、その人にとって神の声である。人は指示されることを歓迎し、喜んでそれを受容するのである。このことは、我々消防にも同様のことがいえる。災害現場に出場する各部隊は、高い緊張状態にあり、不安定な状況下にある。当然、部下は指揮者に明確な行動方針を要求する。組織集団が緊急事態に当面し、あるいは危機的状況にあるときは、厳然たるリーダーシップのみが統率を可能とする。構成員もまた、それを期待する。現場行動における専制的なリーダーシップは、状況からの当然の要請として受容されるのである。

　専制的リーダーシップのように強い統制を内容とする指導性は、災害現場という極めて特殊な状況下において、初めて効果を発揮するもので、平常の状態であっても有効であるとは限らない。平常時においては、その状態に適合する別のリーダーシップを必要とする。

　民主的リーダーシップが万能でないように、専制的リーダーシップも万能ではない。組織の置かれている状況によって、リーダーシップの型も変わらなければならない。厳密にいえば、同じ災害現場であっても緊張度の高い初動時と状況が安定を回復して活動を継続する段階とでは、リーダーシップはおのずから異なるものである。

第6　指揮者の資質

1　冷静さ

　災害現場は、前にも述べたように、一種の危機的場面である。突然予期しないような事態に遭遇したとき、一般に人は冷静さを失う。興奮したり気が動転し、普段では全く考えられないような異常行動、いわゆるパニックに陥りがちである。それは、一般の人々にとっては一生に一度経験するかどうかの出来事であり、そのような行動をとったとしても無理のないことである。

　しかし、我々消防は、そのような異常環境の中で活動することを任務としているのであり、一般の人々と同じように興奮したり狼狽<ruby>狼狽<rt>ろうばい</rt></ruby>したりすることは許されない。

　特に部隊活動の要である指揮者が冷静さを失った場合の影響は大きく、任務遂行ができないばかりでなく、部下を危険に陥らせることになる。冷静さは、指揮者の重要な要件である。

　冷静さを維持するには、自信が必要である。人は、状況に対する対応の仕方に自信を有するときは冷静さを維持でき、自信のないときは狼狽し興奮する。そしてそれは、決断や行動に責任を伴うときに、ますます負担となって冷静さを失い、興奮が倍加するものである。

　自信は、知識と経験によってもたらされる。建築構造の知識があれば、建物崩壊の予測が可能であるし、煙の噴出状況により上階又は隣棟に延焼したか否か、又はフラッシュオーバーの危険があるかどうかも判断できる。これらは、知識と経験があってこそできる判断であり、知識や経験がなければ、恐れ、逡巡<ruby>逡巡<rt>しゅんじゅん</rt></ruby>し、なすべき処置について部下に下命することができない。したがって、指揮者には、消防の知識や経験がない者はなり得ない。もちろん、経験は自ら体験したものでなくても、手段・方法さえ適切であれば、他の人の経験からでも、自己の体験と同じように教訓を得ることができる。それは、代理体験といわれるものである。また、知識は、消防戦術あるいは作戦に関わる文献に親しみ、これを現場に結びつけて展開し、蓄積しておくことである。自・他の経験と知識が蓄積されて自信となり、混乱する災害現場でも冷静さが維持されるのである。しかし、知識や経験は一朝一夕にできるものではなく、日常のたゆまぬ努力が必要なことはいうまでもない。

延焼状況等の把握

2 信 念

　信念とは、自信に裏打ちされた消防活動の方向をぐらつかずに強く推し進めることである。混乱する災害現場において、部下を指揮し任務を遂行するためには、強固な信念に基づく決心と実行が必要である。信念に欠けた決心は、一貫性を欠くとともに徹底せず、少しの障害にあっても部下の動揺を招いてしまう。

　消防活動の対象となる災害は千差万別で、任務遂行の手段も多様である。指揮者は、短時間にとるべき手段について決心しなければならない。決心は最善策であるに越したことはないが、次善策でも早く手を打つことが大切である。また、失敗を恐れ逡巡（しゅんじゅん）してはならない。その結果、時機を逸しては任務が遂行できなくなる。もちろん、決心には責任が伴う。しかし、その責任を逃れようと考えていたのでは、正しい判断もできないばかりでなく、決心がつかず、いたずらに指揮下の部隊を混乱させるのみである。したがって、指揮者は、まず責任を自覚し、方針を速やかに定め、その方針により強力にけん引することであり、それを途中で変更しないことである。その自覚から、強固な信念が生まれるものである。

第7　部隊統率

統率とは、組織体をその目標に向かって強力にけん引することをいう。

一般の行政機関や企業においても、組織である以上は、統率作用は事実上存在するが、それは通常統率とはいわずに、管理や指導といった表現を用いている。統率という言葉は、軍隊や警察、消防のように任務達成が実力行使を手段として用いる機関に使用されている。

前者は、業務の性質が定型的であり、反復的に繰り返される静的業務であるのに対し、後者は、突発的に発生する異常事態を対象とし、実力行使をもって事態が平穏を回復するまで活動を継続するというところに根本的な差異がある。

消防指揮については、経営管理論や組織の行動理論から学ぶべきものは多い。消防活動という極めて特殊な行動を考える場合も、現在研究され、開発されている組織の基礎理論を背景として展開すべきである。

しかし、基礎は同じであっても活動形態が異なることから、消防組織に適用できる指揮理論が組み立てられている。統率という概念も同様であって、あくまで消防活動の実態を正視しつつ、そのあり方を考える必要がある。

岡村誠之著『統率指揮及び戦術』によれば、統率作用とは、主・師・親一体の作用であり、主とは、権限を行使して働かせること、師とは、教育すること、親とは、愛護、保育することであるという。つまり、統率とは、事前訓練と実働の両面を対象とする概念である。ここでは、消防活動における統率について要点を述べることとする。

部隊統率とは、次の3点が一体となって並行的に行われるものである。

⑴　組織の活動能力の向上

　　消防活動は、災害の拡大性、行動危険、偶発性等の特性に対処するために高度な活動能力と組織力の結集が要求される。それは一朝一夕には達成できるものではなく、部下を教育、訓練し、あらかじめ事態発生に備えて戦力を養うことが重要である。

　　特に、指揮者は、現場活動における責任の厳しさを自覚し、優れた指揮が行えるよう能力を高め、体力・気力を充実させておく必要がある。

⑵　組織の一体性の強化

　　組織とは、感情を持った個人の集合体であるから、任務に対する各構成員の任

務遂行意欲いかんによって、活動結果は決定的な影響を受けることになる。指揮者は、上下相互の信頼関係を維持し、部下を掌握して行動力を高め、災害時においては、あたかも組織が生命体を有するように一体性を維持し確保しなければならない。

(3)　部隊の統一的な活動

　　決定のわずかな遅延が部隊を収拾のつかぬ混乱に導きやすい。方針を決定すれば、指揮下の部隊に任務を付与しその実現を期することになるが、部隊を統一的に活動させるためには、部隊掌握を確実に行わなければならない。部隊掌握は、組織活動の原点である。

第2節　状況判断

延焼状況等の把握

第1　状況判断

1　状況判断の意義

　消防指揮における状況判断とは、現場の状況から災害の実態を把握し、これに任務を突き合わせ、この状況で「今何をなすべきか」を常に判断することである。

　指揮者の指揮行為のうちで最も重要な問題は、与えられた任務を達成するために、適時適切な決心に基づき所要の命令を発することにある。状況判断は、この適時適切な決心に到達する基盤となるものである。

2　状況判断の原則

⑴　状況判断は、直感や先入観及び希望的観測を避け、できるだけナマの情報に基づいて客観的に行う必要がある。「彼を知り己を知れば、百戦して殆うからず」（孫子）とあるように、状況判断をする上で最も重要なことは、相手（災害実態）を正確に知ることである。消防活動の対象である災害現場は、常に不確定の状況にある。指揮本部長は、情報から不確定要素の一つ一つについて事実の推定を行

ホース線の進入

い、対応を判断する。そのため、指揮本部長は、災害現場において第一に情報収集活動を積極的に行い、全般の状況を早急に把握することに全力を尽くさなければならない。

(2)　災害現場は、常に変化する。分単位、時には秒単位で変化していく。フラッシュオーバーにより、一瞬のうちに部屋全体が炎に包まれる場合もある。しかし、どんな一瞬の状況変化でも、必ず前兆はある。指揮者は、変化の徴候を見逃してはならない。そのためには、現示された状況を冷静に読み、絶えず状況判断を継続することである。

(3)　指揮者は、一局面や小事にとらわれず、大局をつかむことが大切である。隊員は、自分の持ち場の事象を見ながら自己の任務を忠実に達成することが務めであるが、指揮者は、隊員より一段高いところから全般の状況を俯瞰し大局を把握したのち、状況に対応した処置をとる必要がある。指揮者、特に指揮本部長は、あくまでも全隊の指揮がその務めである。大事なポイントを押さえ、情報を統合して全体を見極め、状況判断をしなければならない。

第2　情　報

1　情報の意義

　　消防活動において情報とは、災害現場全般の状況を早期に推定するための資料であり、個々の事案又は全体を掌握するための部分的なアプローチで、「まだ確認されていない事実を直接あるいは間接にうかがわせる」資料といえる。

　　情報は、突きとめるべき内容と時機が大切である。情報の価値は、事実判定に対する貢献度によって決定される。したがって、情報収集は、情報の価値を判断し、今、何を収集すべきか、目標を明確にして情報収集することが大切である。

2　情報処理

　　災害現場は多くの情報が飛び交う。その情報には、真実もあり虚報も含まれる。不安や憶測が情報に昇格したり、また伝達されているうちに変質してしまった情報もある。情報は、中継されるたびに増幅されたり変質しやすいことから、情報処理に携わる者は、正確に伝達し、確実に受理し、伝達の過程で変質することのないように注意することが大切である。情報処理に関する基本的事項については、次のとおりである。

⑴　情報源のない情報（根なし情報）は、伝達の過程で無責任に増幅されたり変質しやすく信頼性に欠け、単なるうわさになってしまう。必ず情報源をチェックする習慣を身に付けることが大切である。また、情報源が誰かにより、その信頼性を判断することができる。

⑵　情報は、必ずしも事実を告げるものではない。人間には錯覚もあるし、まして火災というような異常事態においては、気が動転して思わぬことを口走ることもある。また「群盲、象を評す」というように、自分が見聞した一部分のみから全体を想像したような情報もある。情報は重視しなければならないが、虚報もあることに注意し、常に事実を追求する努力を怠ってはならない。

⑶　情報は、伝達されているうちに、ある一定の方向に変質したり、増幅される傾向がある。中継者が情報を伝達する場合、明るい情報は誇張しやすく、暗い情報は悲観的な表現になりやすい。情報の中継者が無意識のうちに自分の主観を入れる結果、伝達されるたびに情報が変質してゆくものである。情報を取り扱う者は、これら情報の性格を十分知った上で、正確な情報の伝達及び情報処理に当たるこ

とが大切である。

3　情報収集

（1）　情報網

　　指揮本部長は、状況判断の適正を期するため、情報をより迅速に、より広範囲に収集しなければならない。また、情報は自ら積極的に収集に努め、特に重要な部分については、自ら出向して確認に努めることが基本である。

　　しかし、自ら収集する情報には限界がある。そこで、情報活動に従事するスタッフを必要とする。

　　情報収集活動は、専門的な知識と技術が必要であるから、専従員を指定して行う必要がある。他の任務を持った者に情報活動を兼務させても、どうしても本務の方が優先してしまうものである。そのため、情報活動の専従スタッフとして所轄指揮隊員のほか、情報指揮隊が指定され、災害の規模によっては、方面指揮隊、警防本部指揮隊、広報課員も出場し、情報活動の支援に当たる体制となっている。しかし、情報活動は、情報専従員のみに依存してはならない。

　　限られた数の専従員では、行動範囲及び時間ともに制約され、全般的な情報を把握することは困難である。その情報の不足を補完するのは、各級指揮者と隊員である。特に初期の情報が重要なウエートを持つことが多いので、最先着隊の収集した情報の確認を怠ってはならない。また、消防活動の最前線で活動する指揮者と隊員は、多くの情報と接触できる立場にあり、一人ひとりが情報の触角となれば、災害現場全体を情報網で覆うことができる。指揮者や隊員は、任務遂行の過程において、把握した情報を迅速に指揮本部に伝達しなければならない。特に重要情報あるいは緊急情報に遭遇した場合は、作業を中断してでも、確実に伝達することが必要である。

（2）　初動時における優先情報

　　災害現場には、収集すべき大量の情報がある。しかし、全ての情報を初動時の限られた時間の中で収集することは不可能であるし、その必要もない。情報はその内容によって緩急差があり、必要な時機に的確な内容の情報を収集することが重要である。初動時において不可欠な情報は、次の4項目である。

　ア　災害の実態

　　指揮本部長は、活動方針を決定する上で災害の実態を把握することが最も重

要である。建物の内部構造、火点、燃焼物の延焼状況、防火戸の開閉状況等、活動対象の実態は、その後の人命検索・救助・消火活動に決定的な影響を及ぼすものである。そのため、これらの情報を優先して収集しなければならない。情報源となるのは、関係者、関係資料、進入各隊等である。特に内部進入隊は、進入場所の煙・熱・延焼状況等を積極的に報告する必要がある。

イ　人命危険

　消防活動は、人命救助を最優先に行わなければならない。したがって、人命危険に関する情報を迅速に収集する必要がある。人命危険に関する情報は、正確なものが少なく、とかくあいまいであったり憶測であったり、うわさのように情報源も伝達経路も不明のことが多い。

　しかし、人命に関する情報は、どんな不確実なものであっても、無視したり軽視したりしてはならない。一つ一つ確認して消去していくことが必要である。

ウ　作業危険

　作業危険に関する情報は、消防隊の安全に直接関わり合いのある情報であるから、極めて重要である。具体的には、危険物、爆発物、電気、ガス類であるが、対象物によっては、構造的に危険性のあるものや火災の進行に伴って生じてくる倒壊危険、落下危険等もある。また、現場活動中の小・中隊長の最大の任務は、危険予測と隊員の安全確保である。

　大火災時には部署位置等によって現場全般の状況や火炎の進行状況が不明であることも多い。しかし、指揮本部長は、事態を総合的に把握し、危険性を察知することができる立場にある。したがって、指揮本部長は、常に安全に配意し、各隊に必要な指示をして、部下の安全を確保しなければならない。

エ　拡大危険

　災害の拡大危険に関する情報は、災害の予測と消防部隊の配備運用を行う上で不可欠な要件である。指揮本部長は、建物構造、危険物、特殊可燃物、街区状況等、延焼拡大要因・拡大方向について早急に情報収集し、部隊配備等とるべき方策を判断する必要がある。

(3)　特殊な情報源

　災害現場において情報を収集する場合、関係者や付近の者を対象として聞き込みを行うのが普通である。しかし、現場によっては、先着している警察官や負傷

要救助者の救出

者などから、信頼性の高い情報を得ることができる。

ア 警察官

　消防隊より先着している警察官は、ある程度情報を握っているものである。現場の観察も、その職務上一般人と違って、冷静で正確なものがある。ただ、組織が異なる関係から、消防に対し積極的に情報を提供するということはあまり期待できないので、消防側から情報提供について積極的に要請することが必要である。

　興奮している関係者からたどたどしい説明を受けるより、はるかに迅速に質の高い情報が得られるものである。

イ 負傷者

　現場にいる負傷者は、まず火災に関係ある者と判断してほぼ間違いない、いわば貴重な情報源であり、火災に至った経過、火点の位置、逃げ遅れの状況等、消防活動上必要な情報について知っている場合が多い。これを見逃してはならない。しかし、負傷者は、興奮し狼狽している場合が多い。そのため、情報収集には技術が必要である。イエスとかノーで答えられる簡単な方法から始めたり、氏名を筆記させるのも方法である。

　また、救急隊が現場から負傷者を収容した場合は、患者の容態に悪影響が及ばない範囲で、できるだけ情報を聴き出し、指揮本部に報告する必要がある。

ウ　消防用設備等

　　出火建物に設置されている消防用設備等の作動状況を確認することにより、出火箇所及び延焼範囲の特定が可能である。特に自動火災報知設備、スプリンクラー、防火ダンパーなどの作動状況は有力な情報源として、聞き込みと併せて確認することが必要である。

第3節　決　心

要救助者の救出に向かう消防隊

第1　決　心

　状況判断が、任務を基礎とし、とるべき方法を判断するという思考作用であるのに対し、決心は実行の決意である。つまり、組織の意志を決定することである。

　それゆえ、状況判断は指揮本部長ばかりでなく、幕僚も各級指揮者も行うのであるが、決心するのは指揮本部長ただ一人だけである。指揮本部長は、前節で述べた状況判断をもとにして、自ら全責任を持って部隊の活動方針を決心するものである。

　決心に際して注意すべき事項は、次のとおりである。

1　状況不明下の決心

（1）　状況不明と決心

　　　現場活動に際して、全ての情報を収集して開始することは困難であり、一部の情報をもとに方針を示し、活動を開始するのが通例である。

　　　指揮本部長は、状況不明の理由をもって決心をためらってはならない。

　　　大日本帝国陸軍「作戦要務令」では、（綱領第10）「為サザルト遅疑スルトハ、

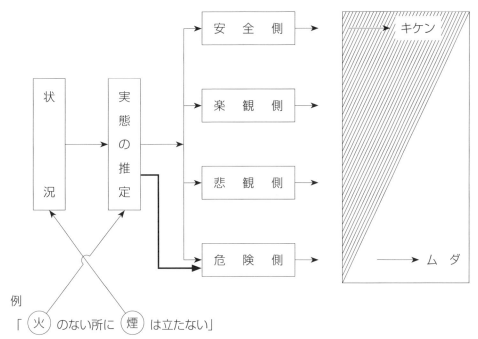

図1−8　危険側の選択

指揮官ノ最モ戒ム所トス。是此ノ両者ノ軍隊ヲ危殆ニ陥ラシムコト、其ノ方法ヲ誤ルヨリモ実ニ甚ダシキモノアレバナリ。」としている。

　指揮本部長の決心が遅れれば、部下は個別に行動を開始し、収拾のつかない状態に陥ってしまう。

(2)　危険側の選択（図1−8参照）

　状況不明下においては、情報収集を急がなければならないことは当然であるが、決心するに当たり不明な部分については、状況の推定を行うことが必要である。また、一つの情報から二通り又は三通りの推定が成り立つ場合もある。このような場合は、最悪事態を考慮して危険側の推定を選択し、決心の前提としなければならない。

(3)　状況確認

　状況推定を行って活動方針を決定し、危険側の推定を前提として配備した部隊は、放置しておくと往々にして無駄が多く、全体の活動効率を低下させるので、事実の確認を急ぎ、必要ならば命令の修正を行い、活動効率を高める努力を怠ってはならない。

2　時　機

　時機とは、タイミングのことである。戦機といってもよい。いかなる名案・名策

も、時機を逸すれば実効性がないばかりでなく、部下を危険に陥らせることにもなる。決断し下命してから部隊が行動し、効果が現れるまでには、ある程度の時間が必要である。したがって、決心する場合は、その所要時間と災害状況の進展を考慮に入れて、早め早めに決心することが大切である。

「作戦要務令」でも「主動の地位」といっているが、主導権を握るということである。火勢に圧倒され、煙に振り回されたのでは、全て後手後手に回り隊員を苦労させるだけで、よい結果は望めないものである。

> 戦闘指導の主眼は、たえず主動の地位を確保し、敵を致して意表に出て、その予期せざる地点と時機とにおいて、徹底的打撃を加え、もって速やかに戦闘の目的を達成するにあり。　　　　　　（大日本帝国陸軍「作戦要務令」）

決心は、時機に投じることが肝心であるが、決して思いつきや場当たり的であってはならない。限定された時間の中で、可能な限りの思索と検討を繰り返した上で慎重に決断する必要がある。慎重であるということは、鈍重であるということではない。鈍重とは、現示された状況と、それに対する反応との間にズレがあって、必要な判断ができない状態である。

また、現場活動においては、思索にも行動にも機敏性が強く要求されるが、機敏であるということは、慎重さの裏打ちがあって初めていえることであって、その裏打ちがなければ軽率であるということになる。決心に当たっては、まず状況を把握することに全力を挙げなければならない。現場はいつでも不明である部分が多いから、わずかの徴候も見逃さず、その意味を追跡して実態を推定する能力を養っておかなくてはならない。

3　決心変更

活動方針は、一度決心したら多少の状況変化があってもこれを変更せず、堅確な意志を持ってこれを遂行すべきである。災害現場は変化の連続であり、その都度決心が動揺するようでは、部下はよりどころを失い混乱に陥ってしまう。まして、消防活動というのは、個人単位で行う分野が少なく、ほとんどチームとして行動する。数隊が連携して同一作業に当たるということも多い。また、現場にある隊は、直接の連携はなくとも、全体が相互に関連し合っていると考えなくてはいけない。そのような状況下において、方針変更を隊員まで徹底し、部隊の行動修正を行うという

ことは、いかに組織体とはいえ難しいことである。しかし、次のような場合には、活動方針を変更して対処することが必要である。

(1)　活動中新たに重大な事実が判明したとき

(2)　決心の前提となった要素が大幅に変わったとき

　　決心変更は、努めて節目節目に行うことが望ましく、この場合は変更内容が関係部隊に迅速かつ明確に徹底されなければならない。また、変更内容の徹底に時間を要し、混乱する場合が多いので、必要に応じ全指揮者を集合させ、方針を明確に示すことが必要である。

 ## 第2　戦　術

1　戦術と決心

(1)　決心と戦術パターン

　　消防戦術は、現場の状況に応じ指揮本部長がその都度決心し決定するものである。したがって、既定のものではない。

　　消防戦術というと、なんとなく事前に完成され、印刷されたり製本されている有形のものを想像しがちであるが、それは、戦術そのものではなく、戦術パターンである。経験した事例を分析し、理論構成を行って戦術パターンとして定めておき、それを蓄積しておくことは、指揮者として大変重要なことである。しかし、それはあくまでもパターンであって、戦術そのものではない。戦術パターンを原型どおりに適用できる現場はなく、活動は常にその変形、併合の形で実施されるものである。

　　現場は、変化の連続であり、例外に満ちた環境である。変化の一つ一つに意志決定が必要である。

(2)　戦術の決定

　　消防戦術は、前述したとおり、事前に準備できるようなものではない。統括指揮者が現場において部隊の行動能力、活動環境等を、比較勘案して組み立てる創造物であって、指揮本部長の決心とは、実は戦術決定であるということができる。大火災は別として、木造火災においては、消防隊到着後数十分で山場を越すことになるので、戦術決定というようなことは、よほどの悪条件でもない限り前面には出てこない。しかし、ビル火災ともなると、3時間、4時間の活動は普通となっ

てくる。平成3年5月に発生した足立区の倉庫火災のように、鎮火まで99時間、延べ496隊が出場し活動した事例もある。

このような、複雑かつ長時間の部隊活動は、明示された戦術に基づいて実施されなければ、大部隊が交錯するだけに統制が困難となる。

現場において、指揮本部長が決心せず戦術不在となった場合は、各隊は単なる寄せ集めに過ぎなくなり、現場は最悪の事態に陥ってしまう。

指揮本部長の本務は、戦術決定、すなわち決心にあるのである。

2　戦術の創造性

（1）戦術は創造

戦術は、指揮本部長が現場において自己の責任において決定するものである。

戦術決定は、指揮本部長の責務であるが、それを決定したことによってその任務が完結するのではない。決定し命令したことが忠実に実施されているかどうか、また、それは依然として状況に対応するものかどうかを絶えず監視し、状況判断する必要がある。そして、状況に対応できなくなった段階では新たな決心を必要とする。指揮とは、そのようなサイクル活動をいうものである。

（2）戦術パターン

戦術パターンは、事前に検討し定めておくことができる。活動指針等といわれるものがそれであって、比較的出現頻度の高い状況をいくつかのパターンに区分し、原則的な対応手段を定めておくことは、現場で一々判断し検討する手間を大幅に省略することができ、非常に効率的である。豊富な戦術パターンを修得し、必要に応じてそれを自在に駆使できるものが、優れた指揮者というものである。

将棋の解説書をみると、どの本にも定跡というものが書いてある。

定跡を体得していない棋士が、自己の能力と直感に頼って、行き当たりバッタリに駒を動かしてみても、とても勝算はないであろう。同じように、指揮者は、豊富な選択肢を修得していなければならない。それらはいつでも駆使できる状態になっていることが必要である。

しかし、定跡に固執すると、悪い結果を生むことがある。状況は生きており、刻々変化する。対応もまた、状況に敏感に反応しなければならない。定跡と全く異なる駒組みをしなければならない場合もあり、原則が通用しない局面もあるはずである。

　風下進入が防ぎょの定跡であるとしても、もし、風下が空地であって風上に隣棟が密接していたら、どこへ進入すべきであろうか。救助優先が鉄則であるにしても、煙と熱気で進入困難であれば、まず、優先して何を行うべきであろうか。戦術パターンは、状況に合わせて柔軟に理解されてこそ意義あるものとなる。

 ## 第3　戦　法

　戦術は、災害現場で状況に合わせて、指揮本部長が決定するものである。これも、事前に用意できないかというと、大部分は事前に用意され、準備されていなければならない。現場はその総決算の場であるといってよい。

　まず、決定された戦術が実施に移されるためには、破壊、検索、注水、排煙、照明等数多くの分割された行動が必要である。これら個々の行動要領は、各中小隊とも事前に十分演練し、体得しておく必要がある。

　ある隊が、5階検索を下命されたけれども、濃煙に気後れして確実な検索ができないということであれば、現場活動の中でその部分だけポッカリ空洞ができることになる。また、ある隊が5階に進入せよと下命された場合、三連はしごが届かないから進入できないということであっては、組織の戦力になり得ない。

　屋内階段、単はしご、隣棟ビル活用、はしご車の利用等、いろいろな進入手段があるはずである。どの手段でも状況に合わせて選択し、実施できる能力がなくてはならない。

　部隊の行動能力（隊員の行動能力はもちろんであるが）は、日頃のたゆまぬ研さんと訓練によって維持される。各隊の活動能力を組み合わせて戦術を創造するのは、指揮本部長の任務である。当然、その前提となる各隊の活動能力の向上を図るのも、指揮本部長の重要な責務である。

　次に、火災の発生そのものは予見できないとしても、個々の行動においては予測可能なものは多数ある。例えば、5階の窓ガラスを破壊すれば、ガラスの破片が地上に落下するのは自明の理であり、そこに隊員がいれば怪我をするし、ホースがあれば損傷して噴水のように水を噴き上げるのも当たり前のことである。ホースから大量の漏水があれば、火点階に進入している筒先担当員が危険な状況になることも当然予想される。

　このように考えてみれば、「ホース延長は、火災建物から離して行え」という行動要

領は直ちに成立するはずである。これは、別に戦術でも方針でもない。当然、指揮者及び隊員が身に付けておくべき能力であり技術である。

　このような行動要領若しくは行動パターンを戦術と区別して、戦法と呼ぶとすれば、戦法こそは、事前に十分研究し、部隊及び隊員の活動能力として、体得しておかなければならないものである。

第4節　命　令

指揮本部長の下命状況

第1　命令の意義

　命令は、決心に基づく指揮者の意志の発動であり、指揮下の部隊又は隊員に実行を命ずるものである。

　命令は、指揮の根源であり、受命者は、命令を理由なく拒否したり無視することは許されないのであって、命令を忠実に遵守し、実行する義務を課される。また同時に、発令者に対して、命令の内容及びその結果について、一切の責任と、実行を確認する義務を負わせるものである。そのため、命令の発令には、慎重さが要求されるとともに、一度発令した命令は、強固な意志を持ってこれを遂行させることが大切である。

　命令には、組織全体の達成すべき目的、受命者の達成すべき任務、目標を明確に示す必要がある。そして、受命者がその任務を達成するための手段については、特に統制が必要である事項のほかは示さずに、受命者が状況に応じて創意工夫する余地を残すことが大切である。

表1−1　命令の区分と要件

	発令者の意図	受命者の任務
号　　令	▲	○
命　　令	○	○
訓　　令	○	▲

（大橋武夫著『統率』）

第2　命令の要件

1　消防指揮における命令の要件

(1)　全般の状況

(2)　活動方針（戦術）又は統括指揮者の意図

(3)　受命者の任務

(4)　他隊との連携又は協力関係

　これらの要件を全て具備したものが、完全な命令の形である。しかし、消防活動は、全般の状況がなかなか把握できない場合があり、また時間の制約が厳しく、受命者に細部にわたって説明する暇のない場合が多い。したがって、災害現場においては、命令が簡略化され、任務の状況によりその一部を省略される場合がある。

2　号令・命令・訓令

　広義の命令は、「号令」「命令」「訓令」に区分される。この三つは、一見同じように思えるが、実ははっきりした違いがある（表1−1参照）。

　命令の二大要件は、発令者の意図と受命者の任務で、このうちの一つが欠ければ命令ではない。発令者の意図がなく、任務だけを示したのは号令である（消防操錬の号令を考えれば、よく理解できる。）。また反対に、発令者の意図を示し、任務についてあまり触れないのが訓令で、命令から実行までの時間差があり、発令者が状況の推移を予測しきれない場合等に、受命者に状況に応じた措置をとらせる必要がある場合に発令される。

第3　任務の付与

　命令の要件は第2のとおりであるが、命令は常に完全な形で発令されるとは限らない。状況によっては、時間に追われて極めて簡略化された形でしか示せないこともある。特に初動時は、各隊が激しく活動を開始する時期でもあるので、このような傾向が強く出る。これは消防活動の緊急性からみて、ある程度はやむを得ないことである。

　しかし、受命者に対する任務の付与は、命令に不可欠の要素である。任務の付与は、命令の中心であって、命令から任務付与の要素を取り除いた場合は、実質的に命令ではなくなってしまう。

　任務付与に当たって、下命者が配意しなければならない原則的な事項は、次のとおりである。

1　具体性

　付与すべき任務は、いかに緊急時においても、受命者に誤解を生じさせないように、具体的かつ明確に示さなくてはならない。命令に不明瞭な部分があるときは、受命者は自己判断で補足しようとするから、しばしば下命者の意図と異なる行動をとることになる。

　建物密集地における防火造2階建の旅館火災の例を挙げる。

　　大隊長は、現場到着後、無線で次のような現場報告を行っている。「防火造2階建2棟50㎡延焼中、逃げ遅れ検索中、マルホンは北側路上、無線〇〇指揮1、この地域密集地、北・西及び南延焼危険大、各隊はこの方面の防御に当たれ。」

　この報告は、前半は状況報告であり、後半は命令となっている。問題は、命令の部分にある。北、西、南の3方面の防御に当たれと指示されても、各隊は実際にどのような筒先配備をすべきであろうか。各隊は隊員数からいってそれぞれ三つの方面に分散することはできないから、各隊長の判断によって、北側に進入するとか、手薄の南側へ主力を投入するという結果になる。

　各隊は、独自の判断で行動しているのであって、結局この命令は何の意味も持たないということになる。形は命令であっても、実質は北、西、南の三つの方面が延焼危険が大きいという状況説明に過ぎない。このような例は、しばしば現場で見聞されることである。

　また、特に複雑な内容を持つ特殊任務を付与する場合は、携帯無線による形式的

延焼状況等の確認

な命令伝達を避け、受命者を呼んで直接示達する配意も必要である。音声だけによる意志表示は、言葉の意味しか通じず誤解を生じやすい。

　人は対面することによって、言葉の意味だけでなく、相手の決意、焦燥不安等言外のものを理解するものである。

2　実現性

　命令は、受命者が実現可能なものでなければならない。いかに精鋭な消防部隊であっても、おのずから実施可能なことと困難なことがある。指揮本部長は、この見極めを冷静に行わなければならない。そうでないと、部下に苦痛だけを強制して、よい成果も得ることができない。

　実施可能かどうかを考える場合の判断基準は、次の3点である。

(1)　時間的可能性

　命令を受けたものが、それを実行に移すためには、ある程度の時間が必要である。その間に状況はどんどん変わるから、下命するときは、準備のための所要時間の〝読み〟を忘れてはならない。

(2)　物理的可能性

　練度の高い隊員であっても、三連はしごだけで4階に進入することは不可能である。単はしごを併用すれば進入可能であると判断しても、その隊が積載していなければこれも無理である。結局、はしご隊に下命するか、単はしご積載隊に下

命した方が効率的ということになる。また、ビル火災の場合は、火点室に熱気が充満し、進入を指示しても、そのままでは進入できないことが多い。無理に「進入せよ」と命令するのは、不能を強いるものである。進入するには、噴霧注水を併用するといった支援作業が必要である。指揮本部長は、状況を正確に判断して、ストレートに目標を達成できないと判断したときは、段階的な手順を講じる必要がある。

(3)　能力的可能性

　一概に消防隊といっても、ポンプ車隊や化学車隊、はしご車隊等があり、それぞれ車両の性能、積載器材、隊員の能力等に相違がある。高所作業を得意とする隊、放水を本務とする隊、破壊に習熟している隊等その能力は様々である。また、同じポンプ車隊であっても、指揮者や隊員の質によって差がある。下命に際しては、受命隊あるいは受命者がその任務を遂行できるかどうかを常に考えなければならない。

3　下命対象

　命令は、受命者に一定の行動を要求するものであるから、受命者を明確に特定する必要がある。よく「○○命令、各隊は東側の防御に当たれ」という形の命令が出されるが、受命者が特定されていない点でこれは命令とはいえない。東側が防御重点であるという状況の付与に過ぎない。

　状況付与も出場隊にとっては必要であるし、重要な情報であるが、それが命令という形で発令されると、各隊は忠実に従う義務があり、出場全隊が東側に殺到し、他の方面は放任ということになる。おそらく、それは下命者の意図ではないはずである。

　このようなときは、「防御重点は東側」とか「東側延焼危険大」というように、命令ではなく情報であることを明確にすべきである。同様の例ではあるが、「火元建物に逃げ遅れ1名あり、各隊検索に全力を挙げよ」という命令も頻繁に発令されるが、この命令が忠実に実施されれば、全隊が火点建物に集中して検索を開始することになり、延焼防止に従事する隊は一隊もなくなってしまう。命令するときは、「○○隊と○○隊」と明確にすべきである。

4　受命者の能力

　人の性格や能力には、それぞれ違いがある。指揮者は、下命をする場合は、受命

者の性格、能力等に十分配慮しなければならない。

　有能な指揮者には、任務だけ簡潔に付与しても、下命者の意図は十分実現できるであろう。しかし、能力の低い者あるいは経験の浅い者には、任務のほかにその手段、安全確保上着意すべき事項、状況が変化した場合の処置に至るまで付加しなければならないこともある。

　指揮者は下命に際し、部下の性格や心理状況まで考慮する余地が、是非ほしいものである。統括指揮者は、各級指揮者の性格、能力等については、日頃の訓練等を通じて十分把握しておくとともに、是正を要するものは、指導し、改善させ、信頼できる部下を育て上げることが大切である。

■ 第4　意図・目的の付与

　命令の要件に、下命者の意図がある。部下に「こうせよ」と任務のみ下命するのではなく、「こういう方針でやるから○隊はこうせよ」という意図を付与した命令の形である。しかし、消防活動においては、限られた時間の中で次々と到着する部隊に対し、矢継ぎ早に下命することが通常であるので、実際には意図が省略される場合がある。また、省略しても、意図が明白で実行に支障ない場合もある。消火活動や人命検索がそれに当たる。しかし、次のような場合は、意図・目的を必ず付加する必要がある。

1　特殊任務

　特殊な任務を付与する場合は、その目的又は指揮者の意図を、必ず付加しなければならない。例を挙げれば、「３階の窓を破壊せよ」と下命したのでは、何のために破壊するのか不明である。その結果、目的にそぐわない破壊が行われることになる。一言「排煙を行うから」と付加すれば、受命者は心得て広い開口部を確保する。「筒先を進入させるから」と付け加えれば、受命者は隊員の出入りに支障ない広さに破壊し、進入隊員が怪我をしないように、窓枠のガラス片もきれいに取り去る。破壊、防火戸の開閉、エレベーターの確認、特殊情報の検索等、特殊な任務を付与する場合は、目的あるいは指揮者の意図を明瞭に付加する必要がある。

2　共同任務

　他隊への支援的任務を付与する場合は、当然のことながら目的を明確に付加しなければならない。照明作業、他隊への協力、充水作業、水損防止作業、補給作業等である。これらの支援業務は、目的をはっきり示さないと下命者の意図とは異なっ

た結果になりやすい。

　一般に、他隊と関係の深い任務を下命する場合は、相互の隊の関連を明瞭にしなければならない。特に、複数隊を同一任務に当てる場合は、指揮関係についても具体的に示すことが必要である。

第5　状況の付与

　状況が不明であるのに行動を開始することは危険であるし、当事者も不安である。無駄な動きが多くなって、作業効率も著しく低下する。下命する場合は、条件の許す限り、下命事項に関連する状況を簡潔に付加しなければならない。

　現場に到着したとたんに「5階に進入せよ」と命令されても、すぐ行動することは困難である。火点の位置や延焼範囲、先着隊の活動状況、部署位置等の概要も知りたいものである。

　これらの状況を一切無視して行動を開始しても、必要資器材の判断もつかず、安全管理上配慮すべき点も不明で、自信のある行動はとれない。他隊の行動に障害を及ぼすおそれもある。下命に際しては、できるだけ状況を与えることが望ましい。

　しかし、前述したように、消防活動は、状況不明のままで任務を下命しなければならない場合もあるし、説明する余裕のない場合も多い。このような場合、とりあえず任務の付与だけを行うのはやむを得ないが、状況が分かり次第、行動中の部隊に通報する必要がある。特に、応援要請、検索救助完了、火災による死者発見、延焼防止等一つの区切り、節目となるものは必ず全隊に流すべきである。それによって、活動中の各隊は、自己隊の行動と全体との関連、今後の作業予測、まだ指揮本部でキャッチしていない貴重な情報の報告などの判断と処置が可能になる。

第6　手段の付与

　下命する場合に、その手段、方法までこと細かに付与することは、得策ではない。そのような下命の仕方は、かえって受命者に手かせ足かせをはめる結果となる。

　明確に任務を示して、実現のための手段方法は受命者に任す、部下に対する信頼を基盤としたこの姿勢が大切である。

　しかし、次のような場合、必要により手段についても付与すべきである。

三連はしご等による進入路の確保状況

⑴　危険度の高い任務や他隊に影響を及ぼす任務を付与するとき

　　指揮本部長の指示・命令が整然と遵守されないと、組織活動は破たんを来し、不測の事態を招くような結果になる。したがって、必要に応じて手段・方法の細部まで具体的に指示しなければならない。

⑵　受命者の実施能力に疑問がある場合

　　受命者が現場経験に乏しい場合や、ビル火災に不慣れであると考えられる場合は、手段・方法を必要な範囲で示すことが大切である。それが指揮者の思いやりというものであって、このような指示は、命令の一部というより、部下に対する技術指導であると考えるべきであろう。

第5節　組織の活用

指揮本部運営状況

 第1　組織活動の確保

1　組織活動

　消防活動は、指揮本部長を中心とした組織的な活動を展開することが必要である。特にビル火災等の複雑な災害に対処するためには、専門的な知識と高度な組織活動が要求される。

　組織活動とは、指揮本部長の立場からいえば、決心を実現させるための様々な任務を各隊に分担・協力させ、目的を達成させるということであり、反対に各級指揮者と隊員の立場からいえば、全体の中における自己（隊）の位置付けを常に明確に自覚し、自己に課せられた任務を確実に遂行するということである。また、このような複雑な現場指揮に際しては、いかに有能な指揮本部長であっても、情報を収集して部隊配備を行い、全般の状況を把握するという膨大な作業を、限られた時間の中で全て個人で処理することは不可能に近い。このため、幕僚・指揮隊等の補佐機関が設けられており、これら補佐機関を有効に活用して、指揮活動の効率化を図る

火災対応訓練

必要がある。

2　組織活動への理解

　　組織活動を行う上で大切なことは、指揮本部長が下命した任務はそれぞれに重要
な意味があるということである。任務の内容は、災害の態様により異なるが、ビル
火災を例にとると、人命検索・援護注水・延焼阻止などの実行業務と、水損防止・
警戒筒先・照明作業等の支援業務がある。

　　したがって、受命隊のうち1隊でも組織活動を理解せず、局面の状況に目を奪わ
れ、自己の判断で活動したとすると、指揮本部長の意図が水泡に帰すばかりでなく、
災害の拡大や他の隊に危険を及ぼすことにもなる。特に火災室上階や隣棟警戒のた
めの筒先配備や支援業務等については、とかく軽視する傾向にあるが、組織活動に
おいてはなくてはならない業務であるということを認識して、積極的に指揮本部長
の指揮下に入ることが必要である。

第2　補佐機関の活用

　　消防活動は、限られた時間の中で多くの部隊を同時に運用することとなる。そのた
め、前に述べたように、指揮本部長の任務は膨大である。この任務を効率的かつ効果
的に推進するために、指揮本部長の補佐機関が必要となってくる。また、組織論の立
場からみても、集団を機能的に動かす一番都合のよい方法は、考える細胞（スタッフ）

と実行する細胞（指揮者）をうまく組み合わせて組織することだといわれており、この典型的なものがラインとスタッフである。東京消防庁においても、指揮本部長の補佐機関として幕僚・指揮隊が制度化されており、指揮本部長は、それら補佐機関を十分活用して、組織としての活動効率を高めることが大切である。

1　スタッフと指揮権

　消防活動組織において、スタッフは、補佐や幕僚・指揮隊という言葉で呼ばれるが、主要な任務は、指揮本部長（ライン）の決心を援助することにある。具体的な任務としては、出場部隊を掌握して、部隊の現状を正しく認識させ、諸情報を収集し分析して指揮本部長に提出し、また、戦術等の進言を行うとともに、指揮本部長の命令及び意図を正確に指揮下部隊に伝達することである。

　一般にスタッフといわれる職能は、指揮命令権を有しない。指揮の表面には出ることなく、冷静に指揮者を補佐するのがスタッフの任務である。なお、スタッフとして機能している場合でも、状況が激しく変化し対応が緊急を要するために、指揮権を行使した方が効率的である場合は、消防指揮の特徴の一つとして現実的に対応する必要がある。しかし、消防活動の特性から、担当面指揮者等となり指揮系列に位置付けられることが多い。

2　幕　僚

　幕僚については第2章第1節第2に詳述されているので、本節では概要のみ述べることとする。

　指揮本部長の補佐機関として、幕僚がある。幕僚要員は、副署隊長・方面隊副長・応援署隊長・警防部幕僚・本庁各課長等が当たっており、いずれも消防司令長以上の要員により指揮体制に応じて組織編成される。幕僚の任務は、主として指揮本部長の思索と決断に貢献することであるが、一般的には、「作戦担当」「広報担当」「指揮担当」「救護所担当」等の任務を分担し、指揮本部長の補佐をすることとなる。

3　指揮隊

(1)　幕僚と同様に指揮本部長の補佐機関として、署隊、方面隊、警防本部にそれぞれ指揮隊が設置されており、出場計画、応援要請等により出場する。指揮隊の主たる任務は、幕僚が指揮本部長の思索と決断に貢献するのに対し、指揮本部長の決心の実現に貢献することにある。つまり、指揮活動面において指揮本部長の手足となって活動するということであり、具体的には次のような任務を担当するこ

指揮本部運営状況

とになる。

　ア　指揮本部担当指揮隊

　イ　情報指揮隊

　ウ　現場救護所担当

　エ　局面指揮担当

　オ　その他指揮本部長の特命する事項

　　以上のように、現場において分担する任務は実に多彩である。したがって、指揮隊は、どんな状況下においても、下命事項について迅速にしかも効率的に対処できるよう、日頃の訓練を通じて能力を高めておく必要がある。

(2)　署指揮隊の編成及び各担当の任務については、**表1−2**のとおりである。

　　これらの任務は、指揮隊長の統括の下に、各担当で分担して行動することになっているが、基本的な行動パターンは次のとおりである。

　ア　指揮担当、情報担当及び情報員は、指揮本部を定位置として行動する。これは、終始指揮本部に固定配置になるということではなく、主として指揮本部をベースとして行動するということである。

　イ　通信担当は、無線運用又は指揮隊車に固定配置し、災害現場と警防本部との中継基地としての役割を果たすものである。通信担当は、単に指揮本部長から指定された事項を警防本部に報告するということではなく、報告内容を自ら整

表1－2　指揮本部指揮隊の編成及び任務

職務	任務
指揮隊長	指揮本部長としての任務を行うものとし、指揮体制が上位に移行した場合は、指揮本部長を補佐する。
指揮担当	指揮及び消防活動に関する次の事項を担当する。 　1　指揮本部長の補佐　　　　5　消防活動状況の把握 　2　災害実態の把握　　　　　6　指揮本部の運営 　3　火点及び延焼範囲　　　　7　関係機関との連絡 　4　二次災害発生危険
情報担当	災害実態、消防活動及び報道対応等に関する次の事項を担当する。ただし、情報指揮隊到着後は、これらの事務の一部を分担して行う。 　1　関係者の確保　　　　　　8　その他 　2　対象物の実態把握　　　　　（1）　写真撮影 　3　人命危険　　　　　　　　　（2）　り災建物の状況 　4　消防活動上の特性　　　　　（3）　火災に至った経過 　5　災害の拡大危険　　　　　　（4）　発見、通報、初期消火の状況 　6　消防隊の活動状況　　　　　（5）　死傷者発生の要因 　7　各種情報の収集、分析、整理及　　（6）　防火管理等の状況 　　びまとめ等（初期）　　　　　（7）　情報の管理
通信担当	1　命令伝達 　2　通信連絡 　3　災害経過の記録
伝令	指揮隊長からの命令の伝達及び特命事項

備考　情報員がいる場合は、情報担当と任務を分担すること。

　　理し、大隊、署隊としての現場報告が終始一貫、的確に行われるようチェック
　　機能をも果たすものである。さらに、通信担当は、各隊から個々に警防本部へ
　　報告された内容の傍受に努め、現場指揮に必要な事項があれば直ちに指揮本部
　　長に報告しなければならない。
　ウ　伝令員は、大隊長又は指揮本部長となった署隊長と必ず行動を共にし、指揮
　　本部長の命令伝達に当たる。
　　　情報担当と情報員の任務は、いずれも消防活動に必要な情報を収集、整理して
　　消防活動に活用できるようにするのであるが、情報担当は、終始指揮に直接関係
　　する諸情報の収集・整理・分析等に従事するのに対し、情報員は、初期において
　　は、情報担当と同様であるが、中期以降は火災に至った経過、現場広報活動等に
　　必要な諸情報の収集に移行するものである。
⑶　災害の規模が拡大して指揮活動が複雑化すると、出場体制に応じて情報指揮隊、

応援指揮隊等複数の指揮隊が出場することとなる。各指揮隊は、それぞれ直接に指揮本部長又はその命令を受けた幕僚の指揮下に入るもので、指揮隊同士の上下関係はない。しかし、それぞれの任務の一部が重複することがあり、また間隙が生じることもあるから、各指揮者は相互に連絡し合い、情報を交換し、全体としての指揮活動が効率的に行われるよう配意しなければならない。

第6節　部下掌握

消火活動状況

 ## 第1　部下掌握

　組織の機能を十分発揮させるために、指揮者は部下を完全に掌握しておくことが必要である。部下を掌握するということは、二つの意味がある。

　一つは、部下の心の掌握であり、他の一つは、部下の行動掌握である。前者は、組織（部隊）を常に最良の状態で活動させるための常時の指揮者と部下の人間関係の問題として、後者は、主として活動中における指揮技術の問題としてとらえられる。

　組織は人間の集団であるため、部下の心を掌握し、組織の有機性が確保されなければ、組織からの逸脱等が発生する場合もあり、部隊活動そのものを適切に行うことが難しくなる。

 ## 第2　心の掌握

　部隊活動は、指揮者と部下の連携行動であるから、平常より連携態勢を十分確立しておくことが必要である。そのため、指揮者は、部隊の核として部下から十分な信頼

と尊敬を受けるに足りる能力と人格を維持するとともに、部下が自ら進んで指揮下に入ってくるような雰囲気作りが必要である。そのためには、日常の接触を通じ、構成員の個性の把握に努めるとともに、職務に関する物の見方や考え方を一つにするための努力が必要であり、また、自らは能力の向上に努め、自信を持って事に当たり、思いやりを持って接し、相互信頼関係を確立することである。このような心のきずながあってこそ、心の掌握が可能となる。

このことについては、第10節「団結」及び第11節「規律の保持」において詳述したので、本節では省略する。

第3 行動の掌握

指揮者は、指揮下の部隊が現在どんな状況で、どういう行動をし、進捗状況はどうなのかを常時掌握することが最も基本になる要件である。

1 掌握要領

災害現場で指揮下の部隊、隊員の行動を確実に掌握することは、口で言うほど簡単ではない。状況は常に変化し、部隊も動いている。災害現場が広範囲であったり立体的である場合は、なおさらである。

指揮者は、部下隊員の行動責任は自己にあるとの認識を常に意識するべきである。部隊が分散し、あるいは個別的な活動をしている隊員全てを常時掌握することは困難である。

(1) 活動の節目、節目には、必ず隊員を確認する。

　ア 現着し、行動を開始する時点

　イ 初期の活動が一段落し、活動が定着した時点

　ウ 転戦（移動、救助任務等）等の新たな任務に着手する時点

　エ 延焼防止の時点

　オ 長時間活動時は、一定時間経過ごと

(2) 隊員は、その職能及び技量に優劣があり、個性もある。

　隊員によっては、部隊活動としての常識をはるかに超えた行動であることに気付かずに行い、組織活動を混乱させ、あるいは重大事項を惹起させることがある。

　一般に、次のような個性等を持つ隊員がその可能性が高いといわれており、その管理を怠ってはならない。

　ア　他の隊員と考え方を著しく異にする隊員

　イ　単独で行動する隊員

　ウ　異質の業務を担当していて転入間もない隊員

　エ　自信過剰な隊員

　オ　責任感の過度に旺盛な隊員

2　掌握漏れと事故

　現場が混乱し、部下の行動掌握がなされていない現場に、往々にして大きな事故が発生するものである。掌握下から離れた隊員には、事故発生が予見されても管理の目が届かない。仮に事故が発生しても、救援が遅れて重大事故につながることが多い。指揮本部長は、部下掌握が、指揮に不可欠であるだけでなく、直接安全管理に関わることを強く認識すべきである。

第4　報　告

1　掌握手段

　部下の行動を掌握するための通常の手段は、各級指揮者からの報告である。必要な時機に自己の行動を指揮本部長に報告することは、各級指揮者に課せられた責務である。

2　報告する立場

（1）　報告の自発性

　　報告は、指揮本部長が必要なとき、各級指揮者に働きかけ又は催促して報告させるものではなく、命令に基づく実施状況の報告であり、黙っていても報告されるべきものである。また、実施過程における報告（中間報告）を怠ってはならない。

（2）　報告時機

　　報告は、時機（タイミング）と内容が合致してこそ価値がある。緊急の場で行われるものであるので、表現も簡潔にする必要がある。

　　また、報告は、到達を確認することが必要である。特に緊急情報や受命事項の遂行状況等は、無線が通じなければ自ら出向して報告することである。

（3）　報告内容

　　正確な報告をするためには、次のことに注意することが大切である。

　ア　結果を先にし、経過は後にする。

　イ　迅速に報告する。

　ウ　事実をありのまま報告する。

　エ　具体的に報告する。

3　報告を受ける立場

（1）　連絡途絶隊

　　連絡途絶隊がある場合は、指揮本部長は緊急に確認しなければならない。連絡の途絶えた隊は、重大な危機に直面している場合がある。報告がないこと自体、危機を知らせる無言の合図と判断し、連絡がとれない場合は直ちに伝令を派遣するか、自ら出向して状況を確認することである。

（2）　正確な受理

　　報告者は活動中忙しい時間を割いて報告してくるのであるから、指揮本部長は、報告内容を正確に受理することが大切である。報告内容は、単に言葉の意味を正確に受けるだけでなく、語勢や息づかいから、その隊の活動環境、緊急度、心理まで推測できる貴重な判断材料として活用する必要がある。

　　そのため、無造作に受け流したり、軽く扱ったりすることなく内容を正しく受け止め、冷静に判断して手を打つことは、指揮本部長の基本的な責務である。

　　なお、苦労をして得た重要情報等には、報告者の労をねぎらうことを忘れてはならない。

第5　状況通報

1　状況通報の効果

　　日常生活においてもしばしば経験するように、状況が不明であったり、自己の置かれている立場が不明であるということは、予想以上に不安感を与えたり孤独感を増幅させるものである。まして、消防活動のような危険な環境の中で活動する場合は特別である。そのようなとき、全体の災害状況、活動状況など、近況を通報することにより、不安を抱いている隊員も冷静さを取り戻すことができ「もう少しだから頑張ろう」という意欲もわいてくる。

　　時機をとらえて近況を無線機、拡声器等で知らせることが、士気を高めるのに大きな効果を発揮する。状況を知らせて激励する。このことが、部下の心を掌握する

ことにもつながってくるのである。

2 情報のフィードバック

　指揮本部長は、現場全般の状況を最もよく把握できる立場にある。各隊からの報告やスタッフからの情報も集まってくる。指揮本部長は、収集した情報のうち、各隊に直接又は間接に影響を及ぼすと思われるものは、迅速にフィードバックすべきである。少しでも状況を知りたいのは、指揮本部長も各級指揮者も同様である。また、現場活動は、指揮者にとっても隊員にとっても、判断して行動する分野が非常に多く、その意味でも情報のフィードバックは必要である。

　しかし、収集した情報の全てを各隊に知らせる必要はない。情報の及ぼす影響を検討し、必要と思われるものを簡潔に流すことである。

　ここで注意しなければならないのは、未確認情報の扱いである。どこの現場においても、活動初期には未確認情報が乱れ飛ぶ。これをそのまま部下に流せば、部下はそれによって行動が左右されるし、情報の内容によっては士気にも影響を及ぼす。未確認情報は、時間が許せば確認をして確実な情報として通報すべきだし、緊急を要する場合は未確認情報である旨を明瞭に付加して通報し、一時的に対応させ、早急に事実等について確認するとともに、状況によって通報した情報を補正する必要がある。

第6 安全管理

1 現場活動と危険性

　現場活動は、常に危険が伴う。居住者や勤務者が危険から逃れ避難してくるような、特異な環境へ果敢に進入して、人命救助や消火作業などの活動をするのであるから、危険は避けられないことである。いかに装備が充実し安全管理が行き届いても、危険性がゼロになるということはない。その主な危険性は、次のとおりである。

(1) 対象物の不安定性

　災害には、人的・物的被害と危険性を伴い、それが急速に進行する特性がある。また、消防活動を必要とするような対象物は、何らかの被害を受けているために正常な状態や機能を失い、安全性を欠いた不安定な状態となっていることが多い。火災を例にとれば、燃えている建物は倒壊しやすくなっているし、ガラスや瓦が落下したり、床が抜け落ちることもある。これらのことは、通常では全く考えら

れないことである。

(2)　行動障害

　　災害現場においては、消防隊員の行動を阻害する多くの要因がある。現場周辺には多数の観衆がいて、消防活動の妨げになる。また、火・熱・煙が消防活動を著しく制約する。

　　特にビル火災においては、火と対面する前に、まず猛烈な煙と熱に進入を阻まれるのが普通である。そのほかにも、現場は落下物等が散乱しているのが普通である。

(3)　行動危険

　　災害現場における消防隊員の行動は、平常時における一般人の生活行動とは大きく異なり、塀を乗り越えたり、はしごを活用して２階や３階へあるいは隣棟から進入するなど、通常のルールを完全に無視した行動がとられる。また、必要な場合は、破壊してでも任務を遂行しようとする。そして、事態が切迫しているときは、自己の体力・技術又は能力以上の行動をとる場合がある。

(4)　異常心理

　　災害現場は修羅場である。関係者は、一生に一度あるかないかの災害に直面し、尊い人命や貴重な財産が失われようとしている。さらに、事態が緊迫しているときは、焦燥感もあり意識が動転し、興奮している。このことは、少なからず指揮者、隊員にも相通ずることが多い。

(5)　疲労による緊張弛緩

　　現場活動は、激しい活動である。予告もなく、突如として静から動への移行であり、極めて特異な活動環境の中で迅速な対応が要求され、状況不明下でも安全限界ぎりぎりのところを進退しつつ、消防の任務を遂行しようとする。

　　このように、消防活動は、体力の消耗、疲労の増大を招き、精神面の負担も大きく、その結果、注意力、思考力が減退する。

2　安全管理の基本

(1)　任務遂行と安全管理

　　指揮者は、任務遂行に当たり、部下の安全を十分確保する責任がある。部下は、指揮者の命令に忠実に従い行動するものであるから、指揮者は、常に活動環境を適切に把握し、隊員の安全を保証しなければならない。現場活動は安全ぎりぎり

の行動を強いられ、任務を遂行しなければならない。

　安全管理は、それ自体が目的ではなく、組織目的を達成する過程での管理であり、任務遂行を前提とする積極的な行動対策である。

⑵　指揮と安全管理

　指揮者は、総合的な状況の推移を冷静に判断し、隊員の安全を基本に戦術を決定し、下命しなければならない。出場各隊に下命すれば、それで指揮者の任務が一段落するわけではない。指揮者は、常に活動環境の確実な把握に努め、状況変化と各隊の活動を絶えず比較し、隊員の安全を確保しなければならない。指揮者が安全管理に配意する上で、隊員の行動限界を事前に把握することが重要である。生身の人間である以上、おのずと行動には限界がある。隊員の安全は指揮者の責任において担保するという強い信念で指揮を行い、また厳しく行動を規制する必要がある。

⑶　自己防衛

　隊員の安全について十分配慮することは指揮者の任務であるが、隊員にも過酷な任務に耐えるだけの体力・気力が、おのずから要求される。強靱な体力・気力こそ事故防止にもつながる。指揮者は、隊員に対して、自らの安全は自らが確保する気概を常に持たせなければならない。これが自己防衛であり、安全管理の基本である。

第7節　臨機の指揮

消防活動訓練状況

第1　変化の管理

1　活動マニュアルの限界

　組織における意志決定は、その内容により、定型的決定と非定型的決定に区分される。定型的決定は、反復的に発生する事案に対する決定で、その組織における平常業務としてとらえられるものである。このような事案については、組織はあらかじめ判断基準や活動要領等のマニュアルを定め、決定の効率化を図っているのが普通である。こうした決定は、管理者が一時的に欠けても、組織は支障なく活動できる。活動手法の定型化（マニュアル化）の効果である。

　しかし、組織活動の全てを定型化することはできない。組織は社会とのつながりの中に存在しており、当然周囲の環境の変化に影響され、予想できないような事態が発生することがある。

　このような突発的事態に当面した場合、管理者や指揮者は、既定のマニュアルに依存することはできず、全く自己の判断で対応手段を決定することとなる。すなわ

ち、非定型的な決定である。

2　災害の個性

人間の顔がそれぞれ異なるように、災害には個性があり、同一のパターンは二つとない。災害の不定性ともいわれる。

災害が一件ごとに個性があるということは、対応手段も当然異なるということである。もちろん、第3節第2「戦術」で述べたように、事前に戦術パターンを用意することは可能であるが、それはあくまでも選択肢であって、手段を選択するための判断基準にすぎないのである。

つまり、非定型的決定を常に迫られることになる。「リーダーは変化を管理する」という。意志決定がマニュアルどおりに行われるのであれば、リーダーは必要ない。変化に対応するために、指揮者は存在するのである。

3　非定型的決定要素

非定型的決定をする上で重要な要素となるものは、次の3点であるといわれる。

(1)　創造性

創造性は、知識や経験にとらわれることなく、新しい事態にふさわしい対応の仕方を創造する能力であって、指揮者には不可欠の資質である。思索の柔軟性がその土壌となる。

(2)　経験則

経験則は、新しい事態に類似した過去のケースにおいて体験した自らの経験あるいは他の人の経験を生かして、現下の状況に対応しようとすることである。しかし、経験は万能ではない。災害には個性があるから、経験則に依存しすぎると思索の柔軟性を失いやすい。

(3)　訓　練

訓練は、疑似体験とも呼ばれ、突発的事態あるいは変化に対応する能力を養うことに大きな効果がある。ただし、注意しなければならないことは、行動を固定化するような訓練はできるだけ避けることである。基本訓練においては、行動の固定化が大切であるが、総合訓練においては、重点を変化への対応に置くことである。変化といっても、消防の活動目標、対象は定まっており、管内事象について事前に把握することは可能で、予想もつかない事態というのはめったに起きるものではない。指揮者は、遭遇する事態を想定して訓練を重ね、創造力を向上さ

せることが必要である。

 ## 第2 状況対応

1 状況対応

　前に述べたとおり、組織は常に環境の変化に影響を受けており、組織のリーダーはその環境の動きや状況の変化に着目して予測を行い、組織を指導（指揮）していく責務がある。つまり、状況は、組織が活動する上で無視することのできない要素である。

　本来、消防活動は、災害によって発生した社会不安や公共危険を速やかにとり除き、元の平穏な状態に戻すために行われる。すなわち、状況の終息を図ることが消防の目的である。そこでは、状況が単に指揮の過程として考慮されるだけでなく、活動目標そのものになっているのである。したがって、状況からかけ離れた指揮や、状況を無視した指揮というものはあり得ない。

　指揮者は、変化する状況に正確に対応しなければならない。戦術を考える場合はもちろん、訓練のあり方を考える場合においても、この状況対応という原則を忘れてはならない。

2 先手対応

　災害の拡大性は、消防の指揮を考える上で、最も重要視しなければならないものである。今なら適切な戦術と思われるものも、数分後にはもう実施できないというのが普通である。このような状況に対応するためには、どうしても状況変化の予測が必要である。変化した状況を見てから対応を決定しても、すでに実行不能となっていたり、大変な苦労を余儀なくされる。状況を見て追いかけるのでなく、状況を予測して待ち構える姿勢が必要である。

3 戦術創造

　現下の状況に、各種戦術パターンを組み合わせ、更にどのように運用するかを考察し、最も適合する対応手段を作り出すことが、戦術創造である。その基本となる要素は、次項が掲げられる。

⑴　部隊及び資器材の集結状況、出場部隊の活動能力、地域特性を踏まえた消防力等

⑵　建築物や消防用設備等の状況、火炎、煙等が現示する状況、情報収集内容等か

ら推定される災害状況

⑶　各種戦術のパターン、燃焼や煙の性状等災害に関する専門知識、限られた時間
の中での状況判断能力

 第3　危機管理

1　概　念

　佐々淳行著『危機管理のノウハウ』によると、危機管理（Crisis Management）
は、元来、国家的危機に際して、その指導者の政策決定のあり方についてアメリカ
で研究が行われてきたものである。その後、我が国でも石油危機や震災対策、治安
問題等に活用されるようになり、また民間企業の間にも急激に広がり定着した用語
である。危機管理は、万一の非常事態に際し、管理者が、それに備えて事例をもと
にして行う即応体制の整備と危機対応ないし危機回避の方法論に関する研究である。
　この目的は、

⑴　自分の正面で起きた事故を小さな内に解決することによって大きな危機を回避
すること。

⑵　前⑴に類似の大きな事故が起こった時に自分の正面への波及効果を素早くリス
ク計算し自分への被害を極限すること。

をねらいとしているものである。

　したがって、日常起こる交通事故や労働災害等ではなく、その事故の対応の仕方
いかんによっては組織の骨格が揺さぶられ、あるいは行政姿勢が問われるような重
大事故の対処方策等を指すものである。

　しかし、このような事故が、いつも起こるものではない。また、小さな事故も処
理の基本となる部分は変わるものではない。むしろ、小さな事故をモデルとして重
大事故時に備えてその対応の研究を積み重ね、現場の指揮者に教育し対応できるよ
うにしておくことが大切である。

　現場活動に伴う重大事故としては、次項を掲げることができる。

　ア　消防職・団員の死傷事故

　イ　死傷を伴う消防車両の重大事故

　ウ　現場周辺建物等の過剰破壊

　エ　瑕疵ある消防活動による被害の拡大

オ 再燃火災

カ 災害現場でのプライバシーの著しい侵害

キ その他社会的批判が大きくなると判断される場合

2 危機対処

　消防部隊がその都度対応している火災等の災害や各種事故時の救出救護活動は、その当事者や地域にとっては重大な危機であり、これらの災害等による危機の回避方策等の研究を重ね、住民指導を続けているのが消防機関である。

　したがって、基本となる考え方や方法論は変わるところが少ない。しかし、自らの不測の事態に対応するため、最も有効な方策に焦点を合わせて検討すると、いくつかは見つめ直すことが必要である。

　それらの事項を列挙すると、次のとおりである。

(1)　最初の情報は、知る必要のある人に早く知らせる。

　　（たとえ断片的であっても、意志決定のできる人に途中を経由せずに早く知らせる。）

(2)　率先垂範

　　（このときこそ、管理者自らが陣頭に立つ姿勢で臨むことが大切である。動揺しがちな人心を掌握し、士気を鼓舞することができる。）

(3)　最悪に備えよ。

　　（楽観は禁物である。深く多角的に考え、周到な準備をする。また、地味でも慎重な闘いをする。）

(4)　最善はない。常に次善策で対処せよ。

　　（巧遅より拙速で対処し、その過程で修正していく。）

(5)　戦略目的を見失わず当面の戦術を考える。

　　（木を見て森を見ざるの格言。情に流されず信念をもって当たる。）

(6)　兵力集中運用を心掛ける。

　　（悲観的に準備し、楽観的に実施する。）

(7)　フォロースルーの心得

　　（いったんやり始めたことを中途半端でやめずに、徹底的に思い切りやり抜く。問題を先送りせずに、早急にその場で処理する。）

　なお、具体的には当事者間の折衝によって進展するものであり、個人的な利害打

算を度外視して粘り強く対応することである。

　交渉に際しては、次のことが大切である。

⑴　紳士な態度で臨み、礼を失しないこと。

⑵　相手の言い分を十分に聞き、主張すべき点は主張して説得に努める。

⑶　現場で対応が可能な場合は、原則として指揮本部長自らが対応すること。

第8節　事前命令

倉庫火災の活動状況

第1　事前命令の効果と限界

1　事前命令の意義

　消防機関は、火災の通報があれば直ちに行動を開始する。火災が発生してから戦術を協議し、検討する時間はない。したがって、原則的なことや、あらかじめ決めることは、十分な検討を加えて決定しておき、行動時には別命がなくともそのとおりに実施されるという手法がよく用いられる。こういう内容のものを一括して、事前命令という。

　事前命令には、いろいろな種類がある。デパート、地下街等の特殊対象物に的を絞った警防計画もある。また、大規模火災に発展するおそれのある木造密集地に対する対策もある。対象を特定せずに、ビル火災一般の対応を示す活動方針のような性質のものもある。

　発令者からいえば、全庁的な事前命令、方面隊長・署隊長の事前命令、さらには大隊長が示す命令もある。名称や内容はそれぞれ異なっても、部隊や隊員の現場活

動を何らかの意味で規制し拘束するものは、実質的に事前命令であると考えてよい。

2　事前命令の効果と限界

　事前命令は、現場活動を大変効率的にする。現場で判断して決定するには相当の時間を要することでも、事前に決めておけば自動的に実施される。

　その意味では、できるだけ広い範囲にわたって行動を予測し、各隊に命令しておいた方が有利な気もする。

　しかし、第 7 節「臨機の指揮」で述べたように、消防活動の本質は、状況に対応することにある。まず、状況の現示があって、それに対する適切な対応の仕方を決定するのが戦術である。

　ところが、事前命令は、まだ状況の現示がないのに、対応の仕方を前もって決めておくという考え方である。すなわち、想定された将来の環境及び条件に基づいて最適を期す決定であるから、事前最適といわれる。実際の環境や条件は、事前命令を実施する段階になって初めて現示されるのであるから、事前最適は必ずしも事後最適に一致するものではない。そこに、事前命令の限界がある。

　状況対応と事前命令とは、一見矛盾しているように思えるが、実はよく考えてみると、矛盾するのではなく、両者の守備範囲が異なるにすぎない。後述するが、この守備範囲の相違をはっきり認識しておかないと、状況対応の基本原則と事前命令が競合して混乱を起こしたり、事前命令に縛られて行動が硬直してしまい、状況に対応し得ないことになる。

　後藤敏夫著『組織への挑戦』では、官僚制の特質について触れ、往々にして目的と手段の転倒が生ずるとして「踏切りは人を通すためにあるのだが、それはいつの間にか人を通さないために働く。」と警告している。事前命令についても全く同様であって、ややもすると目的が見失われて、手段だけを重視する弊害が生じやすい。

　本来、消防活動の効率を高めるために設定されたはずの事前命令が、かえって消防活動の障害になることがあるということを、十分自覚して事前命令を設定しなければならない。

火災現場での活動状況

第2　複雑性と効果

1　精緻は逆効果

　　事前命令を検討する段階はデスクワークであるから、十分な時間を費やして、予想されるいろいろな環境、条件を想定して、あらゆる事態に対処し得る内容にしようと努力する。その結果は、どうしても内容が精緻巧妙なものになり、複雑で膨大なものになりがちである。

　　しかし、事前命令が複雑で膨大なものであっては、運用上支障を生ずる。内容はいかに精緻巧妙であっても、あまりに膨大であって、出場指令を受けてから長い時間をかけて分厚い書類を確認しなければ、自己隊のとるべき行動が不明であるというのでは、実態に即さない。隊員の気勢を殺ぐことにもなるし、事前命令そのものが、かえって活動の障害になるという奇妙な結果を生むことにもなる。

2　網の目の粗さ

　　事前命令は、目の粗さが必要である。こまごまとした条件や仮定はできるだけ避け、前提条件に多少の相違があっても、実施できる弾力性が必要である。

第3　拘束力

1　拘束と活動効果

　事前命令も命令の一種であるから、当然、拘束力を有する。部隊及び隊員は、それに服従する義務があり、もし、それを無視した場合は、責任を問われる。

　しかし、行動原則は状況対応にあるとするならば、行動全般について行動を規制し固定化するというのは、非現実的である。適当な規制は組織活動を活発にするが、必要以上に拘束の度合いが強すぎたり、各隊の自主的判断に任せるべき分野にまで拘束力を及ぼすと、かえって活動が柔軟性を失い、士気低下を招くことになる。しかし、規制を弱めすぎ、あるいは拘束の分野が狭すぎると、各隊の行動は無原則になり、場当たり的に行動するようになって、効率が低下する。場合によっては組織活動が維持できなくなる。

2　拘束を及ぼす範囲

　東京消防庁のかつての警防計画は、まず想定火点を決め、各隊に水利部署はもちろんのこと、行動の細部まで規定してあった。その意味では、水も漏らさぬ完璧な行動計画のようであった。ところが、実際の火災においては、事情は異なってくる。第一、想定した箇所から出火してくれれば都合がよいが、出火箇所がまるで違うということもある。指定水利が駐車のため使用できないということもある。こうなると、微に入り細に入り取り決めてある計画だけに、応用がきかなくなってしまう。結局、各隊は無駄だと知りながら、事前命令だからということで計画どおり行動するか、あるいは状況に合わないからとして計画を無視し独自の行動をとるか、選択を迫られることになる。どちらを選ぶにしても、問題はあとに残る。また、活動全般からいっても、よい結果は期待できない。計画という事前命令が、現場活動にブレーキをかけたことになってしまうのである。

　なぜ、こういうことになるかを要素ごとに考えてみる。まず、計画対象に対する出場隊であるが、署所の配置は一定であるから、出場隊を事前に定めておくことは大変有利なことである。しかも、各隊の都合で出場したりしなかったりというのでは支障があるので、出場については強い拘束力を付しておかなくてはならない。

　次に、各隊の建物進入口、これはどうであろうか。火点の位置や到着時の燃焼状況によって決定されるべき性質のものであって、あらかじめ固定されたのでは、部

隊は動きがとれなくなる。筒先の部署位置も同じであって、「A隊の筒先部署は3階廊下の防火戸」と指定したところで、そこに火も煙もなければ無意味になる。

　対応が、現示された状況によって定まるような性質のものは、拘束すべきではないということになる。しかし、状況を与えられなければ、行動予測が全然できないかというと、そうではない。ビル火災を例にとれば、煙による行動障害を排除するため、排煙処置としてペントハウスのドアを早く開放するとか、火点が上層階の場合は、地上の指揮本部からのコントロールが難しいから、火点下階に局面指揮所を設けて、行動の直接指揮をそこでやるべきである等のことは、個々の火災の具体的な状況が与えられなくとも、ビル火災一般をとらえて、事前命令として決めておくことができるし、重要事項についてはそうするべきである。

　このように考えると、消防活動は、事前命令として当然規制すべき領域と規制可能な領域、それから、一定状況のときに規制すべき領域、さらに、規制すべきでない領域の四つの分野に区分されることになる。

第4　規制領域

1　規制すべき領域

　規制すべき領域というのは、関連要素が静態的で、ほとんど変化がなく、しかも、消防活動の基幹的分野のことである。例えば、部隊の出場計画などである。

　これは、消防活動の基盤になる重要な領域であるから、強い拘束力を付しておく必要がある。

2　規制可能な領域

　規制可能な領域というのは、関連要素が動態的で、予測が困難であるけれども、その重要性からみて、状況のいかんにかかわらず実施した方がよいという分野のことである。例えば、最先着隊に人命検索の任務を指定するといった種類のものである。この場合、関連要素は出火建物の構造用途、出火時刻、延焼状況等いろいろあって、その組合せいかんでは、検索の必要がない場合もある。このような場合は、せっかく検索しても徒労になり、独自の判断で状況に見合った動きをする方が効率的であるかもしれない。

　しかし、お互いに他隊が検索をやるだろう等と考えて、結局どの隊も検索を行わず、取り返しのつかない結果を招くよりは、無駄であっても1隊を投入して確認を

とった方が、間違いはない。

　たとえ、結果的に無駄であっても、必要隊を投入して必ず実施しなければならないほど重要な事項については、事前命令として特定隊に任務を付与し、拘束力を付しておいた方が、自信のある指揮を生むことになる。

3　一定状況のときに規制すべき領域

　これは、ある一定の状況がある場合、その対応の仕方を事前に決めておく手法である。関連要素が動態的であって、本来、現場の指揮者や隊員の判断に委ねた方がよいと考えられる分野の中でも、ある一定の状況下にある場合は、こうした方が効果的であると、経験的にも理論的にも分かっていることがかなりある。その中で重要と思われるものについては、事前命令として示しておいた方が効率的である。

　現場到着時、２階の窓から手を振って助けを求めている人がいるとすれば、救助作業に着手するのが当然の順序である。救助を必要とする状況にあるときは、まず、救助を行う。すなわち、救助優先という原則は、東京消防庁の伝統的な大方針である。この種の事前命令は、現場活動の分析検討を行って、そのつど積み上げが行われているものである。

4　規制すべきでない領域

(1)　各級指揮者への委任

　規制すべきでない領域というのは、関連する要素が不定であって、対応の仕方が固定できない分野のことである。例えば、ある建物が火災になったとしても、火点の位置や延焼範囲はあらかじめ予想することはできない。それは、現場に到着してみなければ分からないことである。逃げ遅れについても同じことがいえる。風向きや周囲の建物配置状況によっても、対応の仕方は違ってくる。

　状況の推移は、建物類型ごとにある程度の予測は可能であるが、各隊の行動をあらかじめ規制できるほどの強い根拠にはならない。無理に拘束しようとしても、よい結果は得られない。

　このような分野については、各隊の行動を事前に拘束せず、各指揮者の独自の判断に任せて、のびのびと活動させた方が効果が上がる。人は、自分で決めたことについては、何の懸念もなく、責任を感じて、実現のために旺盛な意欲を示し、それが実現したときには深い満足感を得るといわれる。任せるべきところは任せることが、責任を自覚させ士気を高めるゆえんである。

(2)　戦術手法

　　事前に拘束せず、指揮者の判断に任せる領域というのは、実際には現場活動の大半を占めている。しかし、拘束すべきでない領域といえども、対応手段というのはいくつか予想されるものである。

　　しかも、それは無限ではない。消防部隊や行動能力からいって、おのずからとるべき手段は限定されるものである。簡単な例を挙げれば、排煙する手段としては、階段室を煙道として利用する方法、窓を破壊して自然排煙をする方法、送風機を用いて送風する方法、噴霧注水による方法等がある。このように、ある目的を達成するための手段は、理論上あるいは経験上いくつか考えられる。これを戦術手法と呼ぶとすれば、戦術手法はあらかじめ用意することができるし、事実、数多く準備されている。現下の状況に対してどの戦術手法を適用するか、それは指揮者の判断である。

　　このように、戦術手法は事前命令ではなく、指揮資料であり指揮技術である。豊富な戦術手法、いわゆる選択肢を自分のものとしておき、状況に応じて即座に使い分けることができる能力を持つ者、これが指揮者のあるべき姿である。もちろん、戦術手法が現下の状況に合わないと判断した場合は、躊躇なく状況に最も適合する独自の手段方法を決断すべきである。

(3)　指揮カード

　　表１－３・１－４に示した指揮カードは、過去の幾多の事例から抽出された数々の教訓を整理し、ビル火災、木造火災等の防御指揮に必要な指揮ポイントとしてまとめたもので、現場指揮の備忘的資料である。

　　本来、指揮者は、指揮カードに収録してある指揮ポイントを、基礎知識として事前に修得しているべきであって、このような資料をよりどころとして指揮を行うことは望ましいことではないが、指揮者が状況判断や決断に苦慮するようなときに、指揮カードを確認することによって、指揮のヒントを提示しようというものである。

　　指揮カードは、現場指揮に貢献するだけでなく、日常の教養資料としてあるいは訓練における着眼点として、広く活用できるものである。

表1-3　ビル火災確認カード

項目	内容	確　　認	措　　置
実態把握	建物内部	<u>防災センター</u>、構造、階層、用途、収容物、防火区画、エレベーター、エスカレーター、ダムウェーダー、<u>階段（屋内外、特避）</u>、<u>非常用進入口（代替進入口）</u>、ダクトスペース、パイプシャフト、機械室、防火戸、シャッター	中小隊長、指揮隊からの報告 関係者からの状況聴取 資料確保
	自衛消防隊	<u>逃げ遅れの状況</u>、延焼範囲、活動状況、消防用設備等の作動状況、防火戸・シャッターの開閉状況	
	火災危険	出火階、<u>火点位置</u>、<u>延焼階層</u>、燃焼物、煙状況	
	作業危険	危険物、爆発物、電気、変電室、ガス、ボイラー、溶解炉、特殊構造、不活性ガス消火設備等作動状況	警防本部へ報告、<u>各隊への周知</u> 警戒区域設定、<u>進入規制</u>
人命危険	避難	避難人数、避難先	避難時の状況聴取、逃げ遅れの状況聴取 誘導隊指定、避難場所の指定
	逃げ遅れ	<u>逃げ遅れ人数</u>、場所、情報源	警防本部への報告、<u>各隊への周知</u>
	検索箇所	窓際、行き止まり通路、エレベーター、階段室、出入口、便所、部屋の隅、屋上	検索範囲指定（階層、室、区域）、注水援護、煙制御（ドア、シャッター開閉）、呼吸器具管理、単独行動禁止、退路確保、進入隊員統制、特別救助隊の活用
	救助	進入手段（屋内外階段、特避階段、屋上、特殊車両、非常用エレベーター、隣棟） 被救助者（人数、氏名、年齢、程度、収容先、収容隊）	特殊車活用、救助隊の指定、注水援護隊指定、破壊箇所、救護所設置、<u>飛び降り防止</u>
消火活動	延焼危険箇所	縦方向（避難口、エスカレーター口、ダクト、パイプシャフト、押入れ、風呂場、便所）、横方向（天井裏、防火戸・シャッター）、隣棟（窓、排気口）	確認隊の指定、警戒筒先配備 防火シャッターの閉鎖、防火ダンパー閉鎖
	消火	<u>火点位置</u>、<u>延焼範囲</u>、<u>延焼方向</u>	<u>進入隊の指定</u>、延焼防止線設定、筒先配備、放水銃、放水砲、てい上放水、（放水搭車）高発砲、フォグガン、吸排気口確保（ドア、窓、シャッター開放）
	安全確保	<u>不活性ガス（二酸化炭素等）放出</u>、ガラス落下、吹き返し、進入状況	各隊への周知、警戒区域設定、進入禁止、退避
設備活用	消火	屋内消火栓、スプリンクラー、水噴霧、泡、不活性ガス、ハロゲン化物、二酸化炭素	設備の使用状況、設備使用隊の指定
	避難	避難階段、特別避難階段、避難橋、避難はしご、避難タラップ	
	消防隊使用設備	防災センター、連結送水管、連結送水管放水口、連結散水設備、非常コンセント設備、無線通信補助設備、非常電話又は連絡用インターホン、放送設備、非常用エレベーター、非常用進入口（代替進入口）、防火戸、シャッター	
排煙	吸排気設備	吸排気設備運転状況	排煙設備の作動
	自然排気	煙の流動方向、範囲	吸排気口設定、破壊隊指定 警戒筒先配備、<u>独断破壊の禁止</u>
水損防止	場所	<u>火点下階</u>、地階、階段、機械室、コンピュータールーム、注水統制	防水シート、残水処理機等、筒先統制、排水、担当隊の指定
応援要請	部隊	第二、第三出場、特命出場（はしご、救助、照明、排煙、救急、補給、充水、飛火、指揮隊）、集結場所	
	資器材等	資器材名・数量（ボンベ、破壊器具、照明、排煙、防水シート）、測定器具（酸欠空気）、泡剤、燃料	
現場報告	一般事項	指揮本部設置、無線運用隊指定、指揮本部長、救助、防ぎょ活動状況、延焼防止見込み、延焼防止、鎮圧、鎮火	
	特異事項	<u>事故発生</u>、<u>緊急事態</u>、<u>二次災害発生</u>	
現場広報	被害状況	場所、名称、業態、責任者（氏名、年齢、職業）、程度、り災世帯、人員、避難、死傷者状況、各階居住者、発見通報、初期消火、原因、用途名称、設備作動状況	発表要旨、警防本部へ報告
	活動状況	経過時間、出場台数、消防活動概要	

※下線箇所は重要事項

表1-4 木造・防火造火災確認カード

項目	内 容	確 認	措 置
実態把握	建物状況	出火、周囲建物の階層、用途、構造（出入口、屋内外階段、開口部、屋根、外壁）、収容物	中小隊長、指揮隊からの報告 関係者からの状況聴取
	人命危険	出火時在宅（室）者、避難者、逃げ遅れ人数、場所、情報源	関係者からの状況聴取、中小隊長、指揮隊からの報告、警防本部への報告、各隊への周知、警戒区域設定等
	作業危険	電気、ガス、危険物（種別、数量、位置）	関係者からの状況聴取、警防本部へ報告 各隊への周知
	延焼拡大危険	延焼範囲、延焼危険方向、飛火	中小隊長、指揮隊からの報告 各隊への周知
人命確保	検 索	窓際、室の隅、押入れ、風呂場、便所、廊下の行き止まり部分	検索隊指定、特別救助隊の活用
消火活動	消 火	筒先配備状況（筒先の過不足） 隣棟ビル	筒先進入指示、筒先統制（水損防止） 隣棟ビルへの警戒筒先配備
	安全確保	落下物（瓦、ガラス、梁、化粧モルタル） 転落（床抜け、ストレート屋根、高所作業） 倒壊（モルタル壁、林場、鉄骨造建物）	警戒区域設定 各隊への周知
	残火処理	再燃防止	最終確認隊の指定 各隊への周知
応援要請	部 隊	第二、第三出場、特命出場（救急、充水、救助、照明、飛火警戒、指揮隊、補給、排煙、後方支援）集結場所	
	資器材等	資器材名・数量（ボンベ、破壊器具、照明、排煙）、測定器具（酸欠、危険性ガス、ＲＩ）、泡剤、燃料、補給、集結場所	
現場報告	一般事項	指揮本部設置、無線運用隊指定、指揮本部長、救助、防ぎょ活動状況、延焼防止見込み、延焼防止、鎮圧、鎮火	
	特異事項	事故発生、緊急事態、二次災害発生、飛火火災	
現場広報	被害状況	場所、名称、業態、責任者（氏名、年齢、職業）、程度、り災世帯人員、避難、死傷者状況（場所、方法、氏名、年齢、職業、程度）各室居住者、発見、通報、初期消火、原因	発表要旨を警防本部へ報告
	活動状況	経過時間、出場台数、消防活動概要	
密集地火災		筒先包囲、飛火、隣棟活用	
大規模建物火災		大口径ノズル使用、延焼阻止線（防火壁、階段、建物屈曲部）の設定、飛火の発生、防火水槽への早期充水	
防火造建物火災		モルタル壁内の潜在火源確認（小破壊）、モルタル壁の倒壊	
強風時火災		風横側進入、大口径ノズルの使用、風下付近の予備注水、飛火警戒	
鎮火後の対応		説示書の交付、監視警戒隊の指定	

※下線箇所は重要事項

第9節　戦力の維持

消火活動状況

第1　士　気

1　消防活動と士気

　士気は、部隊活動の原動力であり、部隊の生命ともいうべきものである。消防活動は、単に能率的な組織・技術・指揮だけによって遂行されるものではない。炎や煙等の厳しい環境や、緊迫した状況の中で危険をかえりみず任務を達成しようとする隊員の旺盛な士気をもって、初めて可能となる。

　士気とは「やる気」、つまり、任務を遂行しようとする意気込みのことである。「士気」は内面的な心の問題であるから、体調や仕事に関する理解及び周囲の状況等の要因によって常に変化するものである。

　人間は、感情の動物だといわれる。その時々の感情によって、行動も大きく左右されるものである。特に現場活動のように厳しい環境の中で行動する場合は、精神的要素が重要な役割を果たすことになる。したがって、指揮者も隊員も、常に高い士気を持続するように心掛けなければならない。

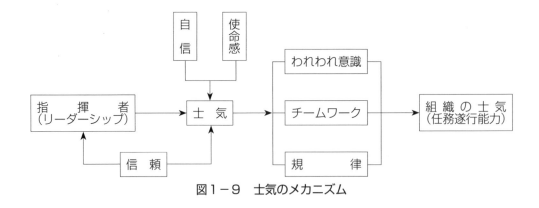

図1−9　士気のメカニズム

2　士気のメカニズム

　　隊員の士気と部隊の指揮の関係及び関連要素について示すと、**図1−9**のとおり
である。

　　まず、中心となるのは指揮者である。部隊の士気は、指揮者の士気によって決定
されるものである。「勇将の下に弱卒なし」ということわざは、最も端的に指揮者と
士気の関係を示している。指揮者が高い品性を維持し、部下から尊敬と信頼を受け
るに足りる徳性と能力を持って、優れたリーダーシップを発揮すれば、それだけで
も士気は高まるものである。部下は、指揮者をよく観察しているもので、「指揮者が
部下を知るのに何か月もかかるが、部下は指揮者を三日で理解する」ともいわれる。

　　次に、指揮者と部下及び同僚相互の信頼関係が、士気に大きな影響を及ぼす。

　　信頼関係の薄い、又は不信感が漂っているような組織は、隊員の考えも行動もバ
ラバラで、そのエネルギーを組織目標に集中させることが困難である。

　　また、隊員が、仕事の意義を理解し、誇り（使命感）を持っている場合は、士気
はおのずと高まるものである。

　　隊員それぞれの士気が高まっているとき、隊員は、その所属組織に対して"われ
われ意識"を感じるようになる。つまり、連帯感である。

　　連帯感が強くなれば、組織の一体性を肌で感じ、自分の立場を理解するようにな
る。したがって、指揮者や同僚に迷惑をかけてはいけないという自律作用が強く働
き、規律が保持されるようになる。

　　組織の士気は組織の任務遂行能力であり、これこそ組織の価値を決定するもので
ある。

第2　士気と指揮者

　士気の根源は、指揮者に由来するといわれる。士気は、指揮者に対する部下隊員の信頼と尊敬を基礎として生じるものであり、戦勝（任務達成）によりわき立つものである。

　部隊が困難な状況に直面したとき、部下の目は一斉に指揮者に注がれる。このとき、進むべき方向、とるべき手段を、指揮者が厳然とした態度で示すことができれば、部下隊員の士気は高まり、命令に進んで従い、実現に向かって努力し、任務達成をもって士気は最高度に達する。またこのとき、必要な手段もとれないようでは、部隊の士気は一気に低下し、部下の信頼を失うことになってしまう。部下に対して要求すべきことも断固として要求し得ないということは、指揮権が任務遂行のため指揮者に与えられた責任であるという自覚が欠如しているのであって、指揮責任の重要性を強く再認識する必要がある。

第3　士気の要因

1　使命感

（1）仕事の意義

　　人は仕事をする場合、その仕事に何の意義も感じることができず、ただ義務感だけで従事するというのは、大変辛いことである。

　　ところが、自分の好きな仕事を自分の流儀でやっているときは実に楽しいものである。これは、自分の希望どおりのことをして自分なりの意義を感じているから、納得して作業に専念できるからである。

　　人が仕事の中に感じる意義については、次のように考えることができる。

　ア　仕事が自分のためであると感じている場合

　　趣味はその典型であるし、仕事でも、これを仕上げて周囲に認めてもらおうなどと考えているときは熱が入るものである。

　イ　仕事が所属集団のためであると感じている場合

　　組織全体のためであるとか、自署のために必要なことだと明瞭に意識している場合は、やる気を起こすものである。訓練審査会等に出場する隊は、一般に士気は極めて高い。それは、隊員の一人ひとりが、我が中隊のためとか、我が

署の面目にかけてなどと意識しているからである。

　ウ　仕事が社会のため、人々のためだと考えている場合

　　超高層ビルの建設に従事する作業員等の士気は一般に高いというが、それは「日本一のビルを我々の腕で建てる」という、意義ある仕事を通じて社会に貢献できるという意識が働くからであろう。

⑵　使命感

　このように、いろいろ意識の差はあるが、いずれにしても、仕事に対して自分なりにある種の価値を見いだし、それを遂行しようとする意欲、またそのために自分は重要な存在であるという意識、これが使命感である。

　この使命感がないと、同じ仕事をするにしても、先ほど述べたように苦痛でつまらぬ苦役としか考えなくなる。

　さて、消防活動の意義・使命、これはもう何の説明も要しない、極めて明白なことである。人命と財産を守り、社会不安を除去するという仕事は、その次元の高さやその重要性において、他のどんな職業に比較しても遅れをとるものではない。

　現場における組織活動は、分業と協働によって成り立つのであるが、分業化は、ややもすると無力感や疎外感をその構成員にもたらし、結果的に士気の低下につながりかねない。そのため、指揮者は、分担した任務を遂行することの意義と全体目標とのつながりをよく隊員に指導し、使命感の振興に努めなければならない。

2　責任感

　人は、「自分は我が中隊にとって重要な役割をもっている」と信じ、あるいは「我が中隊は消防活動上重要な任務をもっている」と考えているとき、士気は非常に高まるものである。組織における自分の役割あるいは任務をはっきり意識するということは、自分の責任を自覚するということである。責任を自覚することによって、何とかしてその責任を果たし、上司や周囲の期待に応え、所属組織に貢献したいという意欲がわいてくる。それが士気である。

　現場活動が組織として行われる以上、組織の構成員にはそれぞれ自己の果たすべき役割、つまりポジションがある。小隊、中隊、大隊という組織の活動は、個々のポジションの連携ないしは総合として成立するものである。

　それは、巨大な機械のようなものであって、どの部分にトラブルがあっても全体

に影響が及んでしまう。現場活動はただ漫然と行動するのでなく、指揮者も隊員も、全体活動の中に占める自己の位置、役割を常に意識して行動するべきである。

　各人の果たすべき役割、任務が明瞭に意識されていれば、自分あるいは自己隊と他隊との関連がよく理解できる。また、自分の任務が遂行されないと、全体活動に重大な支障を及ぼすということも、具体的に理解できる。この理解が責任の自覚となって、その人の任務遂行意欲を刺激し、士気を高揚させるのである。

3　信頼と士気

(1)　組織を支えるもの

　人は、善意、信頼、疑惑といった自分に向けられた他人の感情を、敏感に察知するものである。たとえ、言葉や素振りで明らかに示されなくても、態度や顔色、目付きのかすかな変化から、ほとんど本能的に相手の感情を知るものである。また、それによって直ちに自分の対応——警戒する、あるいはやる気を起こすなど——を決める。それが行動となって現れ、また、行動の内容を決定することになる。

　相互に信頼感がなければ、各人は自我意識が強くなって、不平や不満が多くなり、無意識のうちに警戒心を強め、仕事に着手する前から、あるいはものを言う前から自衛態勢を固めることになる。構成員がこのような状態であるときは、組織活動やチームワーク等は望むべくもない。信頼感こそ組織を支える大前提であるといってよいだろう。

(2)　信頼と士気

　信頼感は、組織内の構成員を結び付ける強じんなパイプのようなものである。信頼を意識することによって、構成員は警戒心の必要もなくなり、安心して仕事に専念することができるようになる。信頼を裏切ってはならぬという自制心が働き "われわれ意識" も強くなり、所属組織のためにできるだけの努力をしたいという貢献意欲も高まる。この "われわれ意識"、つまり集団精神こそ、チームワークの第一歩となるものである。

　士気とは信頼の念であるといわれるように、組織の士気とは、組織内の信頼感と同義であるといってよい。相互信頼こそが組織を生きものにする基本的要件である。

第4　自　信

　現場活動には精神的要素が強く作用するだけに、自信の有無が結果に大きな影響を及ぼすものである。自信があれば冷静さを失うことなく、強行すべき局面と強行してはならない局面を見定めることができるし、自己の任務に専念できる。部下に対して断定的に下命することも可能である。

　自信がない場合は、状況に圧倒されて冷静さを失い、上級指揮者の命令も耳に入らず、自己の任務も把握できなくなり、部下の指揮も忘れて現場周辺を意味なく動き回る結果になりかねない。このように考えると、自信のもたらす効果は実に大きいものである。

　自信を持つことは大切なことであるが、それは他から与えられたり、あるいは、それが必要なときにいつでも準備できるようなものでもない。自信は長い時間をかけた地味な努力によって、わずかずつ培われるものである。それ以外の速成的手段はない。自信を構成する主たる要素は、経験と訓練と自己研さんである。

第10節　団　結

屋内進入訓練

第1　組織と団結

1　組織の力

　組織は、個人で行うよりも効果的に共通の目的を達するために人間が生み出した英知であり、個人の力では不可能な大きな目標を達成する。近代文明の発達は、組織の力の所産である。しかし、組織を作れば自動的に大きな力が発生するわけではない。組織がこのような力を発揮するためには、組織構成員の連携協調が不可欠であり（チームワーク）、それが良好なら組織力は強大になり、不整合なら弱くなる。

　数学や機械の世界では、2 + 2は常に4であるが、人間の組織においては、算式以上の6になることもあるし、算式以下になる場合もあるのである。

2　団　結

　組織における団結の働きは、運動会の綱引きにみることができる。

　多数のチームメンバーが、呼吸を合わせて綱を一斉に引く。呼吸を合わせるために、リーダーが旗を振って声を掛ける。全員がそれに合わせて綱を引く。チームの

力は、そのとき初めて最大となるのである。綱引きというゲームは、明確なリーダーシップ、集団規制を受容するメンバーの態度、相手に勝つというはっきりした目標等、組織活動に必要な基本的な原理を如実に示してくれている。

3　組織とルール

　組織の構成員が自由意思でバラバラに行動したのでは、組織力は発揮できない。それこそ、算式以下の効果しか期待できないものである。

　そのため、組織にはルールがあり、構成員に対し一定の統制を及ぼすことになる。趣味の会のような任意的な組織でさえ、例会の取決めなどがあるのが普通である。まして、官公庁や企業のような公的組織においては、その構成員に対してかなり厳しい拘束と統制を及ぼすことになる。服装、勤務時間、規律等々その組織目標によって規制の対象、強弱の違いはあるが、いずれにしても、組織に属する以上はルールに服さねばならない。

　人間は本来、拘束されたり、他から指示されることを嫌う傾向があって、できるだけ自分の意思どおり行動したいという強い願望を持っている。しかし、所属する組織が目標を達成すれば、自分の願望も達成することができると考える場合は、組織の統制を快く受容し、連帯感と協力意識は高まるものである。綱引きにおいて、リーダーの掛け声に対し、自分の意思を拘束するといって反感を持つ人はいないのと同じである。団結とは、そのような自覚の上に成立するものである。

4　組織の凝集力

　人は、自分の仕事に意義を感じ、組織における存在価値を意識したときは、組織の一員であるという誇りや連帯感、組織そのものに対する愛着や忠誠心が高まる。そして、それが少しでも立派になり、社会的にも認められたいと願う。そのため、自分でもできるだけ所属組織のために尽くしたいという貢献意欲を持つようになる。これが組織の凝集力といわれるもので、団結の根源となるものである。

第2　信頼感

1　部下に対する信頼感

(1)　信頼の効果

　人は、指揮者に信頼されていると考えるときは、心から安定し、自信がわいてくるものである。信頼は、自己の能力と人格に対する指揮者の評価であると受け

取るからであり、当然信頼を裏切ってはならないという心理が働くこととなる。そのため、指揮者の厳しい命令も素直に受け入れ、できるだけの努力をして信頼に応えようとする。

　反対に、自分は指揮者に信頼されていないと考えるときは、孤独感に包まれ、自信を失い、活動意欲が低下してしまい、責任ある仕事を避けるようになってしまうという悪循環に陥る。

(2) 部下にミスがあるとき

　部下が任務遂行に際し失敗を犯したときの指揮者の態度は、部下の信頼に大きな影響を及ぼす。指揮者は部下が失敗したとき、責任を部下のみに押しつけてはならない。もし、指揮者が自己の保身を図るためにそのような態度を示せば、部下は二度と指揮者を信頼しなくなってしまう。「功あれば部下に、罪あれば己に」という信念が指揮者になければならない。失敗した部下も、指揮者に責任を肩代わりさせて難を逃れたと平然としていられるわけはない。部下は、指揮者を苦境に立たせた自己の責任を痛感し、信頼に応えられなかったことを反省するはずである。そして何より、指揮者の責任感の強さに感銘を受け、一層尊敬と連帯感を深めることになる。

　また、このようなことは他の隊員にも大きな影響を及ぼし、部隊の士気はおのずから高まってくるものである。

2　指揮者に対する信頼感

(1) 部隊構成の他律性

　現場活動組織には、大隊、中隊、小隊があって、それぞれ所要の隊員によって編成されるが、その編成は、他律的に、しかも一方的に決定されることとなる。部下は勝手に指揮者を選ぶことはできないし、指揮者も自分の都合のよい部下を選ぶことはできない。したがって、組織集団は、構成員の性格の違い、能力、体力の差、更には価値観の相違等による様々な問題や、組織としての凝集性を妨げる障害等を抱えることになる。

　もともと、組織というのは、趣味の同好会のように個人の希望を満たすためにできているのではない。個人では達成できない大きな仕事をするためにあるのだから、必ずしも個人の都合のよい編成にならないのはやむを得ないことである。

　この他律的、人工的な組織に活力を与え、精神的にも行動的にも渾然一体となっ

て、集団の任務を達成するというチームに仕上げるためには、それなりの努力が必要であるが、とりわけ組織の核となるべき指揮者の統率責任は大である。

(2) 信頼される指揮者

　指揮者が部下に信頼されるためには、部下に「安心」と「希望」を与えることが必要である。「安心」とは、指揮者に失敗がなく、部隊としての業績が上がり、部下が安心して指揮者についていけるということである。

　また、「希望」とは、その部隊にあって十分に自分の能力が発揮でき、自己成長、昇進に望みが抱けるということである。

　そのためには、次のことを心掛けたい。

ア　指揮者は有能であること

　有能であるということは、指揮に必要な知識と技術、それに行動力を有しているということである。

　部下が「我々の指揮者は有能であり、その指示どおり行動すれば、必ず優れた成果を得ることができる」と確信を持っているときは、指揮者に対する信頼感は高まり、組織の凝集力は強化するものである。

イ　判断力があること

　部下が判断に迷うような状況にあるときは、はっきり行動方針を示し、任務を付与してくれるほど、部下にとって力強いものはない。部下が、頼りになる指揮者だと思うとき、信頼感は増加する。

ウ　部下の努力を徒労にするな

　人間、むだ骨を折ったときくらい、情けなく感じることはない。せっかく気負い込んで苦労して一つの資料をまとめたのに、何の役にも立たなかったときなどは、砂をかむような思いがするものである。まして、現場では危険を冒し、激務に耐えて活動するわけであるから、それが何の成果も生まなかったとしたら、その行動を下命した指揮者への信頼感は一度に崩れ去ってしまう。

　指揮者は、部下の努力を徒労にしてはならない。

エ　部下の扱いは公平に

　指揮者も人間であるから、好みや好き嫌いは当然である。しかし、指揮者として部下に接している間は、いわば公人の立場であるから、私情を出してはならない。部下は公平に扱う必要がある。

指揮者にえこひいきがあると部下が考えているときは、行動する前から結果に対する指揮者の評価が決まっているような気がして、最初からやる気をなくしてしまう。あるいは、指揮者に迎合して好みに合いそうな行動だけをとるようになる。どちらにしても、直接士気の低下につながるし、活動結果を左右する重要なことであるから、十分配慮したいものである。

3 同僚間の信頼感

同僚間の信頼は、もちろん大切である。自分がボールを投げたとき、責任を持って受け取ってくれる仲間が必ずそこにいるという確信が必要である。

中・小隊の活動を例にとれば、機関員は、筒先担当員の健闘を信じて水圧の高低を心配しながら懸命に送水するし、筒先担当員は、機関員の技量と責任感を確信して火煙の中に進入していく。また、部隊間の連携にしても、破壊を担当する隊、人命検索を行う隊、高所に進入する隊等々、それぞれ他隊の活動に期待をかけて自己の任務に専念する。そこに不信感があったのでは、とても組織活動はできない。

同僚間の信頼感にも、指揮者のリーダーシップが大いに影響を及ぼす。指揮者の統率力が十分であれば、"われわれ意識"が強まり、集団の士気は向上する。士気が上げ潮ムードにあるときは、たとえ隊員の一部に無気力者がいたにしても、集団の同化力が働くから、ともにやる気を起こすようになる。

集団内の不協和音も雲散霧消するであろう。集団の感化力あるいは暗示力と呼ばれているものである。

集団内に仲間意識が強いときは、集団の中心に向かって凝集力が働くし、弱いときは遠心力が働く。集団精神というのは、そのような性質を持っているものである。

 ## 第3 行動目標

1 目標の効果

組織として行動する場合は、常に行動目標を明瞭にしておくことが大切である。目標の設定は、組織構成員の努力を誘発させるだけでなく、目標へ向かって部下の力を結集させる効果がある。漠然とした任務を命ぜられるよりも、目標を示され「何を、どこまで」とはっきり目標を示された方が、部下は何をすべきかよく理解できるし、目標も達成しやすいものである。

また、目標がはっきりしているからこそ、目標を達成したことの自信や満足感が

得られるのである。

2　達成可能な目標

　行動目標は、達成可能なものでなければならない。仕事量があまりにも膨大であったり、実施困難な場合は、最初からやる気をなくしてしまうものである。努力すれば自己隊で達成できると確信を持ったとき、士気が高まり、団結が強くなるのである。

　訓練において目標を設定する場合、初期段階では、まず達成することによって自信と満足感を与えることを主眼とし、逐次高度、困難なものにしていく着意が必要である。また、目標というのは、近くにあるほど魅力を持つものである。そのため、長期の目標を与える場合には、それと同時に必ず近い目標（中間目標）を与えることである。

　目標と分業ということについては、木下藤吉郎の三日普請の話が有名である。大橋武夫著『統率学入門』から要約してみよう。

　　　清洲城の城壁が嵐で200mばかり崩れた。信長はその修理を指示した。多数の職人が動員されたけれども、なかなか工事が進捗しない。業を煮やしているところへ、藤吉郎が3日で完成させてみせると豪語する。その言葉が原因で、木下藤吉郎は普請奉行として工事の責任者となった。

　　　藤吉郎は、早速職人10名とその助手10名とを1班として50班を編成し、城壁4mを1班の責任範囲と定めた。「200mを修理せよ」と言われて意気消沈していた職人は、4mという具体的な作業目標を与えられたことによって大いに発奮した。それぐらいならと夜を日についで突貫工事を強行し、3日目の夕方には現場の片付けまで終わって、信長の検閲を受けたということである。

　いくらかの誇張はあるにしても、藤吉郎のリーダーシップ、行動目標の設定等、その統率手腕には驚くべきものがある。当時は、統率論や管理論等はまだ未熟だったと思われるが、統率の原理を本能的に承知していたものと考えられる。

3　単純な目標

　行動目標は、あまり単純で簡単に達成できるものでは団結につながらない。そんなことは「すぐできる」とか「適当にやればよい」と受け取られがちで、団結して

消防活動訓練状況

ぶつかるという期待はできない。

　訓練等においても、明確な訓練目標を示さず、ただ「訓練場所へ行って実施せよ」と言うだけでは成果は上がらない。水利に部署し、ホースを延ばして終了という、マンネリ化した訓練に陥りがちである。隊の練度と能力を注意深く観察して、不足している点をはっきり指摘し、訓練目標としてその結果を確認することにすれば、充実した訓練ができるはずである。

第4 一体性

1 一体性

　指揮者が、愛情をもって、部下の能力向上を図るとともに、部下の苦しみは指揮者の苦しみとして感じるような連帯感が生じれば、部隊の一体性はおのずと高まってくるものである。部下は、指揮者のそのような感情を感知し、「この指揮者のためならば」という気持ちが生じる。指揮者と部下がそのように結ばれた組織の団結は、最も結束力に優れたものとなり、いかなる難局も乗り越える力となるものである。

2 組織図と活動図の差異

　組織図は、普通図１－10のように描かれる。しかし、これはあくまで組織の図であって、活動図ではない。組織図は、往々にして見る人に錯覚を起こさせる。指揮本部長が頂上に立って、各隊に指示命令を出し、働くのは隊員であり、指揮者は活

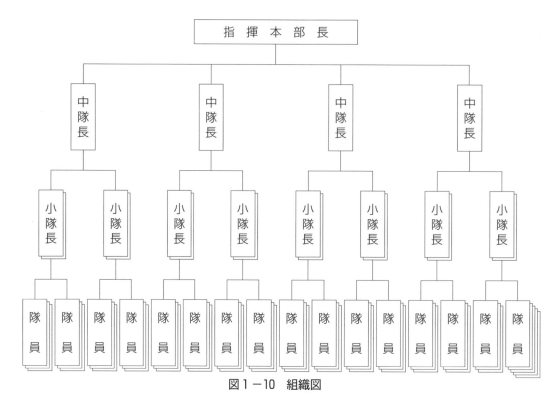

図1-10 組織図

動の外側にあるという誤った理解が生じやすいものである。

統率は、ボタンを押して機械を動かすのとは基本的に異なるものである。動くのは感情と個性を持った人間であり、しかも、極度の緊張の中で状況の変化に対応しようとするのである。指揮者が活動の枠の外にいてよいわけはない。活動図というのは、図1-11のように描かれるべきものである。

指揮本部長は同心円の中心に立ち、各級指揮者や隊員に強い影響力を及ぼす。それを各級指揮者や隊員が支えるという形であって、ちょうど池の中に石を投じたときに生ずる波紋によく似ている。責任は波紋と同じように、中心に向かうほど大きく、離れるほど小さくなる。中核になっている指揮本部長が機能しなくなれば、各隊は引力を失った衛星のように、組織から飛び出してしまうことになる。

第5　成功への確信

組織集団には、よい方向にも悪い方向にも加速度的な傾向を生じやすいものである。集団の目標に対して達成可能であるとの確信が高ければ、組織の凝集性が高まり、よいチームワークができ、その結果として士気が上がり、構成員は目標に向かって最善の努力を傾ける。そして成功を実現させ、その結果、更に成功への自信を持つように

図1－11　活動図

なる。つまり、成功体験こそが成功を生むのである。

　一方、成功への確信がなければ、最初から自信を失い士気も低下してしまう。そのような場合は、各人がどんなに努力しても総力が結集できず、よい結果は得られないものである。また、意図に反して任務遂行に失敗したような場合には、なおさら士気の低下をもたらし、流れは悪い方向に向かって進みやすい。

　したがって、指揮者は、部隊を活動させる場合、行動結果が部下隊員に及ぼす影響の大きさを念頭に置き、必ず成功させるという強い信念を持つことが必要である。

　そして、万一失敗した場合、指揮者は、前述したような部隊に生じる悪い流れを断ち切る手段を講じる必要がある。それには、隊員全員で失敗の原因を具体的に摘出することが必要である。

　ここで注意すべきことは、その部隊行動の全てが失敗であると否定的に評価すると、部隊の自信喪失に直接つながるので避けなければならないということである。行動の全てがまずいのではなく、失敗の原因はここにあったと全隊員が納得できるような、具体的な形で突き止めるべきである。そうすれば、対策も立てることができ、次回には自信を持って対応することも可能であり、必ずやよい結果を生むことになる。

第11節　規律の保持

第1　規律の役割

　規律は、組織が一体性を保持し、組織目的を達成するために必要なものである。特に消防活動のような、混乱した状況の中で緊急の行動を必要とし、単一の指揮の下に組織的な活動が要求され、チームワークや高度の技術判断を要する職務にあっては、厳正な規律の継続は、絶対不可欠のものである。

1　行動規制

　組織は、組織目標を効率よく達成するために作られるものであるが、その基本とするところは、分業と統合ということであり、構成員は、組織目標という一点を指向して協働することが行動規範となる。各人が自己の考えで自由に行動していたのでは、協働はできないから、組織は、当然その構成員にある規制を及ぼすことになる。規制の内容とその強弱は、組織の持つ任務とその置かれた環境によって異なる。一般的にいえば、組織の環境が安定しており、活動目標が明瞭である場合は、弱い統制の方がよい成果を上げるし、反対に組織環境が不安定であり、隊員が強い緊張状態にあるときは、厳重な統制が必要である。

2　消防活動と規律

　消防活動は、すでに何度も記述したように、状況が極めて不安定であり、異常な緊張状態が持続する。このようなときは、専制的又は権威的リーダーシップといわれる強い統制でなければ、組織活動は維持できない。指揮者の命令には忠実に服従するという規律が厳守されてこそ、初めて混乱の中で組織の一体性が確保され、組織活動の成果を上げることが可能となる。そのために、指揮者には指揮権が与えられ、被指揮者には服従の義務が要求されることになる。

3　服　従

　命令に対する服従の根拠をみると、「職員は、その職務を遂行するに当つて、法令、条例…に従い、且つ、上司の職務上の命令に忠実に従わなければならない」（地方公務員法第32条）とある。また、消防組織法第13条第2項では、消防長、消防署

火災現場での救助

長の指揮監督権をうたっており、併せて同法第14条で「消防職員は、上司の指揮監督を受け、消防事務に従事する」と定められている。また、隊員が地方公務員としての身分を有する以上、職員と地方公共団体の間に公法上の特別権力関係が成立し、この関係において、任命権者はその包括的支配に服する職員に対して、具体的な法律の根拠に基づくことなく必要な命令を発することができるものであり、その命令に対して、職員は忠実に従う義務を有している。

　しかし、命令と服従の関係をこのような権限と義務という面からのみ理解しようとするのは、正しくない。

　規律維持の根本は、隊員の使命の自覚による自主的な服従が主となるべきである。

　組織の構成員が、組織の任務を納得して、その任務を果たすこと。これが自己の願望と一致し、各々が協力して任務を達成するために自分は欠くことのできない存在であると自覚したとき、組織の要求に従うべきであるという自主的な服従が生まれてくる。このような自覚ある服従こそ規律の最も望ましい姿であり、これによって初めて組織の一体性が確保されるのである。

第2　規律の内部的要件

1　構成員の役割

　組織活動の本質は、分業と統合であることから、多くの隊員がそれぞれ担当任務を忠実に果たすことにより目的が達成される。

　消防活動においてもしかりである。大きな火災になると、数十隊の部隊が集結して、統括指揮者の命令によりそれぞれ任務を遂行することになる。そのような場合、個々の隊員は、自身の存在価値を過小評価し、ややもすると活動が消極的となりやすいものである。しかし、どんな大きな仕事でも、個々の人間の努力が積み重なって初めて達成できるものであることを認識すべきである。自己隊の分担任務、あるいは自分の任務を確実に遂行しなければ、全隊活動に重大な支障を及ぼすものであることを、観念的でなく実感として理解したとき、指揮者も隊員も初めて自分は組織にとって重要な存在であることを認識するはずである。

　自分の存在価値をはっきり自覚したとき、責任感はおのずからわき出てくる。責任というのは、法令や規程に書いてあるから存在するのではなく、組織における隊員の役割を正しく理解することから生まれてくるものである。

2　組織とルール

　規律は、「思想を共通にする人々の集団」の意味から転化して、心的統一を企図する統治・訓練・刑罰等に用いられ、更には社会意識の強制力が規範化されたものを意味するようになったもので、本来は自律的、能動的なものと考えられている。それゆえ、規律は、決して非人間的なものでも屈辱的なものでもなく、規律に従うことは、人としての良識であると考える。人間社会には、無数の規制がある。道路を通行するには交通ルールを守らなければならない。ガスや水などのサービスを受けるには、対価が必要である。また、法律として明文化されている規制や、明文化されていない慣習もある。

　このような規制やルールを、屈辱であるとか拘束であると考える人は少ないであろう。そこには、人間社会は規制がなければ成立しないという共通の深い理解があるからである。

　社会に様々な規制があるのと同様に、組織集団にも構成員の力を結集し、組織目標を達成するための規制が必要である。その規制を社会生活と同様に当然のことと

理解し受容するのは、既述したように、仕事に対する使命感と組織に対する貢献意識の賜物であり、圧迫や屈服といった非人間的な解釈とは縁のない、自主的かつ積極的な概念である。

　権限や処罰規定は、規制を無視する無法者が現れたときに、それを制裁するための根拠として必要なのであって、規律維持の道具ではない。規律を維持するということは、力関係ではなく、機械的なコントロールでもない。もっと次元の高い、人間の社会性にその根源を求められるものである。

3　和　合

　和は相互信頼の結果として生まれるものであるが、和があるということは、全ての人間関係にとって大変望ましいことである。人間社会も組織集団も、一つの人間対人間の関係であるとみることができるが、人間と人間との関係は、多かれ少なかれ、常に自分の主張や行動を相手に容認させるという要素を含んでいるので、多少なりとも当事者に緊張をもたらすものである。まして相互に信頼感がない場合は、本能的に自衛心や警戒心が働いて、無駄な精力の消費を余儀なくさせられる。

　集団に和があることによって、人々は自分の存在意義を確認し、安定感を得ることができる。また、無用な確執を避けて、相互依存の利益を最大限に享受することができるのである。

　特に組織は、その一体性が強く要求されるので、和が組織活動の第一条件になる。隊員の気持ちが渾然一体となり、"われわれ意識"が定着したとき、初めて組織は生命力を持ったといえるし、また、活動態勢が整ったといえるのである。

　反面、組織の不和は、単に構成員に緊張をもたらすというだけでなく、もっと重要な意味をもっている。それは、規律の乱れる前兆となる。不和の背景には、不信感がある。不信感のあるところでは、自我の意識が強くなり、組織の利害よりも自己の利害についての関心が高まるようになる。このような状態では、各員の努力と注意心を一点に集中することができなくなり、規律を維持することが困難になってくる。

　不信感は個人の感情であり、規律は組織のマナーであって、本来、異なった次元の概念であるが、両者は背反的な関係にあり、不信感のあるところに規律は育たない。和は規律の土壌である。

第3　規律保持の外部的要件

1　行動評価

（1）　評価の意義

　　隊員が意欲的に行動するのは、よい評価を受けようとか、上司に気に入られよ うというような単純な動機からでは決してない。組織の一員としての責任感に基 づき、組織の任務を達成するため、そしてそのことを通じて、自分の行動を価値 あらしむるために努力するものである。しかし、自分の行動が、どれほどの価値 があったのかを決めるのは自分ではない。その行動が、組織としての行動にどれ ほど貢献したかという観点から、組織によって判定される。それが行動評価であ る。

　　評価が自分の期待したとおりであれば、満足感が得られ、自分の能力に自信を 持ち、プライドが維持される。また、評価が否定的であれば、屈辱を感じ、発奮 してプライドを回復させようとするか、あるいは能力の低さを自認するか、いず れかを選ぶことになる。

　　このように評価のいかんは、対象者の士気や人格にまで影響を及ぼす。また、 組織に対するその人の態度を決定する大きな要素になる。したがって、評価にあっ ては、客観的な価値判断と公平さが要求されるとともに、組織及び部下の将来に 生かす目的で行うことが大切である。

（2）　評価のあり方

　　評価には、肯定的評価と否定的評価とがある。肯定的評価は、その行動が組織 にとって有意義なものであると肯定する評価である。激励や賞揚も軽い意味の肯 定的評価であって、その極には表彰がある。否定的評価は、その行動が組織の方 針にそぐわない、あるいは反するという評価である。軽度のものとしては注意、 叱責があり、その極には懲戒がある。以下、評価のあり方について述べる。

ア　公平さ

　　部下は、評価されることによって、評価者を逆に評価するものである。公正 に評価された場合は、評価者の判断力、勇気、管理能力等を理解し、尊敬と信 頼感を高める。当然、組織の一体性が強まり、規律はおのずから強化されるこ とになる。

反面、評価に偏見があり、公正でないと受け取るときは、指揮者の能力に疑問を持ち、不満が蓄積し士気は低下する。

したがって、評価は慎重に行うことが必要で、先入観や偏見を避け、事実を把握し、具体的な状況との関係において責任ある価値判断を行うべきである。

なお、評価上の留意点については第２章に後述するので、本節では省略する。

イ　賞　揚

肯定的評価は、行為者の能力を公認し、組織としての敬意を表するという意味がある。また、部下は、自分の努力を上司に認めてもらうことによって、働く意欲を高めるものである。指揮者は、部下の努力や成果に対してそれに値するだけの賞賛を与えることを心掛けるべきで、その努力を怠ってはならない。

ウ　矯　正

否定的評価の目的は、矯正にある。部下の行動に適切を欠くものがあったと認めるときは、組織の方針と実行動の差異を指摘して反省を求め、組織の方針を再確認させるために行われるものである。したがって、その目的が達成されるような効果的な手段でなければならず、いたずらに詰問したり、あるいは無能の烙印（らくいん）を押すというような、部下を失望落胆させてやる気を喪失させるものであってはならない。厳然たる姿勢の中に、失敗の原因を共に考え、指揮者としてその責任を分かち合う、いたわりの気持ちが大切である。

人に注意したり、叱責をするということは辛いことであり、勇気が必要である。また、受ける方もよい心情でない。しかし、温情主義や人情はかえって災いのもとになる。指摘しなければならないときは、勇気を出してけじめをつける。それが公正というもので、規律保持の大きな柱である。

2　活動規範

活動規範というのは、組織活動を行う場合、組織がその構成員に要求する行動の態様であって、いわば現場活動のよりどころとでもいうべきものである。ある状況のときに、組織が構成員に対し、どのような行動を要求するかを、あらかじめ明示しておくことは大変重要なことである。

活動規範が明らかにされていれば、確信を持って行動することができるようになる。自隊の行動が組織によって支持されるという確信があるとき、指揮者も自信を持って指揮できるし、行動目標もはっきりしているので隊員の総力を一点に結集で

きる。

(1) 判断要素

　問題なのは、消防活動というのは、状況の多様性と流動性という理由から、活動規範を画一的に示すことが非常に困難であるということである。

　ここで活動規範というのは、いわゆる戦術のことであるが、戦術は事前に決定されているものではなく、統括指揮者が自己の判断において決定すべきものである。一定の状況のときに予想されるいくつかの戦術パターンを選択肢として準備することはできるが、選択肢はあくまで一つのパターンであって、状況を無視してそれを部隊に強制するような性質のものではない。いくら選択肢を用意してみたところで、状況に見合うパターンを選定し、実施するのは、統括指揮者の任務であることに変わりはない。

　戦術は統括指揮者の判断によって決定されるが、判断は統括指揮者のみにあるのではなく、幕僚はもちろんのこと、下級指揮者や一般隊員にも必要な要素である。

　つまり、消防活動は機械的単純作業ではなく、指揮者、隊員を含む全員の行動に判断を必要とするのが大きな特徴である。しかも、ほとんどが突発的な状況に対する即断を要する性質のものである。ここに活動規範を具体的に示すことの困難性がある。明示することのできるのは、基本的な行動方針だけであって、現実の状況に対して、組織が今、何を要求しているのかは、行動方針の精神を踏まえて自分で判断しなければならない。

(2) 反作用予期の法則

　災害現場では、上級指揮者や統括指揮者が常に先着するとは限らない。火災地によっては、出張所の中隊長が先着するということはよくある。

　また、現場においては、統括指揮者が特定隊の指揮に専従するわけにもいかない。それでは、本務である統括指揮という統合機能が果たせない。

　上級指揮者が近くにいないときに、状況が急変して、受命任務の遂行が困難になる場合がある。あるいは急に重大な局面を迎えたり、いきなり重要情報に出会うことも珍しくない。この場合、携帯無線等により上級指揮者の指示を求められれば問題はないが、その余裕すらない場合がある。

　このようなときは、もし、ここに上級指揮者がいたら、自分に何を命令するで

あろうかを冷静に判断し、その判断に基づいて行動すべきである。これが反作用予期の法則といわれるものである。事態に対応し、独自の判断で行う行動が、組織あるいは上級指揮者から、後でどのような評価を受けるか（反作用）を判断し、より高い評価を受けると推量される行動をとるべきであるとする考え方である。

　反作用予期の法則は、受命者が独自の判断で命令とは異なった行動をとるところに特質がある。一見、規律違反又は受命任務の放棄のようにみえるが、決してそうではない。独自の判断といっても、決して独善的なものではなく、上級指揮者の意図、あるいは組織の示す活動方針の基調にある精神に照らして、現場を正確に判断し、その判断を新たな命令と考えて、その実現を期するものであって、組織の方針に沿った極めて積極的な行動である。普通、服従とは命令の忠実な実行をいうのに対し、反作用予期の法則に基づく行動は積極的服従といわれている。

第12節　自己研さん

火災対応訓練状況

 ## 第1　自己研さん

　指揮者が指揮を行うことができるのは、第1節で述べたように、指揮者が指揮権を有するからである。しかし、指揮権を付与されれば誰でも指揮を行うことができるかというと、必ずしもそうはいかないものである。権限を背景に人を動かすことはできても、よい成果を得るのは難しいものである。部下は指揮者の能力を信じ、命令の内容が現下の状況に最も適合すると納得したとき、任務遂行意欲をかき立て、その実現に向かって努力をするものである。

　すなわち、指揮者は指揮権に依存することなく、自らの能力を部下に信頼させることによって、指揮命令に積極的に従わせるだけの実力を持つことが必要だということである。そのため、指揮者は、その立場にふさわしい能力を自らの努力により習得するとともに、常に向上を図るよう自己研さんを怠らない姿勢が大切である。

第2　自己体験を生かす

　百聞は一見に如かずというが、自ら現場を体験することは、百万言の説明にも勝る効果がある。それは、現場というものを、知識としてではなく感覚で受け入れるからである。場数を踏めば、現場の様々な事象の一般傾向、進展の予測等も何となく会得できるようになる。経験の貴重さは、今更強調するまでもない。

　経験の累積というのは、ちょうど上から砂を落として砂山を作るようなものであって、最初のうちは砂山はどんどん高くなるが、だんだん効率が悪くなり、一定の高さになると、いくら砂を落としてもついに高くならないようになる。それ以上高くするためには、砂に粘着を与えたり、砂山の周りに枠を作ったりする工夫が必要である。単に経験するということだけでは、一定の効果以上は期待できないものである。それ以上に効果を期待するためには、経験から学ぶ工夫をしなければならない。

　経験を生かす意欲があれば、たとえボヤ火災であっても、学ぶべき教訓は多数ある。特異火災又は大規模火災となれば、まさに教訓の宝庫ともいうべき内容を有しているものである。

　現場活動を経験した場合は、指揮者も隊員も自己隊の行動でなく、他隊の動きに至るまで子細に内容を検討して教訓をくみとり、それを自己の能力に組み込む努力が必要である。

 ## 第3　代理体験を生かす

　経験は、必ずしも自らの体験のみが貴重であるとは限らない。他の人の経験であっても、事例から学ぶ心構えさえあれば、優れた教訓を得ることができる。

　他の人の経験は、代理経験ともいわれるものであり、それは普通、資料や記録という形で提示されることが多い。

　代理経験を自己のものとして生かすためには、プロとしての優れた復元力、記録から現場の状況を復元させる想像力が必要である。復元力が確かであれば、簡単な記録からでも優れた教訓を得ることができる。経験の乏しさを指揮能力の低さの理由にしてはならない。そこには、自己擁護の姿勢のみあって、自己研さんの意欲がないからである。意欲さえあれば、自己の経験は乏しくても、代理経験が豊富な教材を提供してくれるはずである。

第4　疑似体験を生かす

　訓練は、本番と似たような体験をするという意味から、疑似体験ともいわれている。しかし、訓練にも限界があることを知っておかなければならない。

　訓練の内容及び実施方法をどのように考えるにしても、それを実際の現場活動と比較した場合に、根本的に異なる要素がいくつかある。

1　状況再現の限界

　現場においては、状況は文字や記号等の約束された媒体からでなく、状況そのものによって現示される。

　「2階の窓から煙が噴出中」という簡単な状況であっても、本番であれば、煙の濃さ、色、上昇速度、中性帯の有無、熱による窓ガラスの割れ具合等複雑な要素が一度に網膜に飛び込むので、視認したものは、その人の能力に応じて状況を判断することができる。能力の低いものは、窓から煙が出ているという程度のことしか分からないが、能力の高い人が見れば、燃焼物、内部の熱気の程度、進入可能か否か、フラッシュオーバーまでの時間等種々の判断が可能である。

　しかし、訓練においては、発煙筒、旗、文字、記号等を用いて努力してみても、せいぜい「この窓から噴出中」という内容を現示できるにすぎない。その不完全な状況現示で「判断し行動せよ」と要求するところに無理があり、訓練の一つの限界がここにある。災害現場の忠実な状況再現は、廃屋を実際に燃焼させる特殊な訓練でもない限り、不可能なことである。

2　危機感の違い

　災害現場では被害が目の前で拡大するし、隊員も危機に陥る可能性等もあって、現場全体が強い危機感に包まれる。それがまた、指揮の質や手段にも強い影響を及ぼすのであるが、訓練においては、実際の被害は皆無であるから、ぎりぎりの瀬戸際に立つといった危機感を作り出すことはできない。危機感がないということは、実施する側に当初から安心感があるということであり、ここに訓練と実戦の根本的な差異を認めることができる。もちろん、訓練でも被害が発生することはあるが、それはあくまでも予想外の事故であって、当初から訓練要素として盛り込まれたものではない。

3　緊迫感の違い

　訓練においても、実施方法によっては、かなりの緊迫感を作り出すことができる。しかし、実際の現場の緊迫感は、状況から自然に発生するものであり、失敗することはそのまま被害拡大につながるから、失敗してはならぬというぎりぎりの意識がある。また、現場行動は、いわば衆人環視の中で行われるのが普通なので、失敗は許されぬという強い意識が働き、それが緊迫感を高めるのである。

　それは、訓練における"作られた状況"からくる緊迫感とは質的に異なるものである。訓練においては、たとえ行動を誤っても被害に結びつくことはないし、世論の批判を浴びることもないからである。

4　安　全

　訓練においては、安全は十分に保障されている。いかに厳しい実戦的訓練といえども、実施者が身の危険を感じるような内容のものはないはずである。また、実施者の安全を保障できないような危険な訓練は、行ってはならないのであって、訓練においては、事故を発生させないことが前提である。

　以上述べた状況、危機感、緊迫感、不安感の各要素は、相乗的に作用して指揮者や隊員の心理に強い影響を及ぼすことになり、判断や行動を左右することになる。

　それでは、訓練は、所詮自己満足であり、単なる気休めにすぎないのであろうか。そうではない。前述の現場特有の各要素をもう一度考えてみよう。それは、確かに現場活動を考える場合に、無視することのできない重要な要素であることに違いはない。しかし、それは現場活動そのものではなく、活動時における環境的要素であることに気付くであろう。

　危機感や不安感等の環境的要素は、行動する者に対して集中力や思考力を減退させる力となって作用するものである。ごく大まかな感じであるが、現場活動においては、その人の持つ能力は５割程度も発揮されればよい方である。普通は３割程度しか生かされないと思わなければならない。

　活動事例からの教訓や戦術書から得た知識を単に知識としてとどめておいたのでは、現場において行動に生かすことは困難である。後になって「あのとき、こうすればよかった」と後悔した経験は誰でも持っているであろう。冷静なとき考えれば簡単に判断できることが、現場ではできないことが多い。

　知識を行動に生かすためには、実験をして確認することが大切である。つまり、

訓練において疑似体験をし、体で覚え込ませる努力が必要である。ホテルや飲食店等不特定の者が出入りする所の火災では、人は自分の入ってきたコースをたどって避難しようとするという。一度でも体で体験したことは、とっさの場合にも行動に出るものである。まして、反復して実施した訓練の成果が本番で生かされぬはずはない。

　現場活動は、実力行使の場である。行動に反映することのできない知識は意味を持ち得ないのであって、指揮者は理論家であるよりも実践家でなければならない。戦術家クラウゼウィッツが指摘するように、知識は能力となるまで消化されていなければならないものであって、そのためには、知識を、頭ではなく体で覚え込ませる努力が特に大切である。

第2章

指揮本部長の指揮要領

第1節　署隊長及び副署隊長等

第1　統率者

1　概　念

　統率とは、大きな集合体の構成員の意志と行動を、その組織目標に向かって一つにまとめ、強力に牽引することであるといわれている。

　統率は、統率する者の意志を統率される者の心に感応させることである。

　統率者は、単隊のリーダーではなく組織体の長を指すものであり、この節では、災害現場でその全てを統括する権限と全責任を持つ署隊長等以上の指揮本部長をいう。

　また、統率は、個別的な指揮活動ではなく、そこには良好な統御（部下の実力を育成し向上させる、心のふれあい）が基盤となって、現場での円滑な方向付けと実行の関係が有効に作用し、各部隊の構成員である隊員まで同じ考え方に立ち、指揮されようとする気持ちを起こさせる心理作用であるとされている（図2−1参照）。

　　　格言1　*上下欲を同じくする者は勝つ*　　　*（孫子）*

　大橋武夫著『統率』によると、統率は、意識面からとらえた統御と行動面からとらえた指揮とに区分されるが、次の手順によって行うとされている。

⑴　組織の目標を確認する。

⑵　組織の構成員である各個人の能力を十分発揮させる。

⑶　各個人の能力を総合して組織の目標に合わせて推進し牽引する。

⑷　各個人の活動を確認し調整する。

2　統　御

　統御とは、「集団内の各個人に、全能力を発揮して指揮されようとする気持を起こさせる心理的工作」（大橋武夫『統帥綱領入門』）をいう。

　具体的には、

①統率者とその構成員が直接的な接触を通じて感化する。

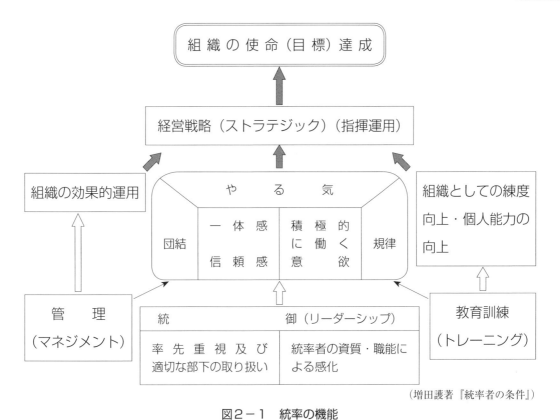

（増田護著『統率者の条件』）

図2-1　統率の機能

②統率者が行う、各種の施策、教育、訓練を通じて間接的に感化する。

の二つの作用によるものであるといわれている。

　人間は、命令に従いたくない（人の指図は受けたくない）という本能を持っている。

　消防隊員も命令だけで動くものではない、動いているのは事前の教育訓練によって命令を号令として行動し、あるいは使命感に基づく自主的な活動と一致していると考えるべきである。

　また、人間は、理性３分感情７分といわれている。つまり、理性を動かせば納得はするが、更に感情に訴え、これを揺すぶらないと自ら進んで命令に服従し、有効な仕事をするものではない。

　そこで、日常、次のようなことを通じて十分な意思疎通を図っておくことが、まず必要なことである（図2-2参照）。

⑴　相互信頼関係をつくっておく。

　　（信頼されればやる気が生まれる。やる気が出れば士気が上がる。）

⑵　理論と実戦を通じて自分の考えを十分に理解させておく。

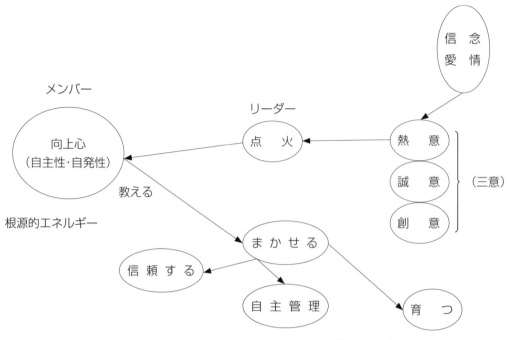

（鎌田勝著『リーダーシップ名言集』）

図2-2　「心の点火は、魂の燃焼によらねばならぬ」

　　（ファイト（意気ごみ）も大切だが、その奥にある意義についてコンセンサス（合意）が成立して、初めて真の団結が生まれる。）

(3)　あらゆる現象を想定した教育、訓練を行い、訓練を通じて基本を身に付けさせておく。

(4)　訓練を通じて命令を単純化して号令に置き換え、誰が命じても反射的に対応できる体制にしておく。

(5)　命令を快く受け入れて実施できるような集団の活性化ムードを醸成しておく。

　　格言2　*可愛くば、五つ教えて三つほめ、二つ叱って、良き人とせよ*

（二宮尊徳）

（判例）

　　昭和47年7月、高知県土佐山田町で土砂崩れが発生し、消防団員が生き埋めとなった。これを救出するため、消防職員、団員及び民間協力者180名余りが出場したところ、更に土砂が流出し、60名が死亡した。このため、消防団員、民間協力者の遺族が、県消防学校長が消防団員に対し山崩れに関する防災教育訓練を十分に行っていなかったこと等が事故の原因である、

として損害賠償を請求した。

　その裁判で、県消防学校長は、消防団員に対して地すべり崩壊に対処するため基礎的な訓練を実施すべき義務があるのに、これを怠ったことから指揮者等が的確な避難勧告を講じられなかったとして、損害賠償を命じた。

（昭和57年10月高知地裁一審判決）

　このような雰囲気作りと、教育を通じて全員にやる気を起こさせること。これが統御であるといえる。

　しかし、このことは多分に心理的なものであり、より円滑な人間関係を確保すると同時に、感性を刺激して初めて有効な成果が期待できるものである。

　その心構えとしては、次のとおりである。

⑴　使命感を持たせる。

　　（機会あるごとに成功の喜びを享受させる。）

⑵　小さな功過を見逃さない。

　　（努めて賞を与え、しつけをする。）

⑶　感情を刺激する。

　　（構成員の人間的な魅力の発見と高揚に努める。）

　ただ、災害現場における消防隊は、所属部隊のみで構成されるものではない。日常の統御と関わりのない他の部隊との混成で活動するのが常であり、上位の体制に移行されるに従って、所属部隊の占める割合は少なくなる。

　このことは消防の宿命であり、そのために、日頃から混成の型で教育、訓練を実施して共同体的意識を持たせる一方、災害時には所属部隊を核として活動できるよう出場体制上の配意をし、初期の段階から組織全体として対処するシステムとしている。「今の署長の努力は、次の署長の代になって初めてその成果が現れる」といわれる。

　統御は、多分に心理的なものであり、即座に効果が現れるものでないだけに等閑視されがちである。しかし、統御こそ戦闘力の根源であることを肝に銘じ、署隊長自らが中心となって指導育成に当たり、たゆまぬ努力を積み重ね、精強な部隊作りに努めることが必要である。

　　格言3　よく兵を用うる者は、道（人の和、上下一致、目標）を修めて法（規
　　　　律）を保つ　　（孫子）

3　指揮

　一般的な指揮論については、第1章各節で詳述したとおりである。

　この節では、署隊長等の上級指揮者が、現場指揮本部長として現場を統括する場合の現場指揮のあり方、及び指揮要領について述べることとする。

　大橋武夫著『統率』によると、指揮とは、統率作用の動的な面をいい、静的な面が統御だとされている。「統御によって沸きたたせ、掌握した部下のエネルギーを、集団の目的に向かい集中指向し、促進して、能率的に発揮すること」が指揮である。

　また、「統帥綱領」では、統率者の行う「大軍の指揮とは、方向を与えて、後方（補給）を準備することである。」とされている。

　しかし、火災時の活動指揮は、戦時下のそれとは、次の点が異なっている。

○　戦争は、「勝つ」ことが最終の目標であるが、消防活動は、拡大する災害の防止（被害軽減）を目標としている。

○　戦争は、生死をかけた長期にわたる戦闘となることが多いが、消防活動では、決死的な場面は限定され、常に時間との闘いであり、勢いに乗って行う短時間での制圧が求められている。

○　戦争は、統率者のほかに各種の幕僚、伝令等体制が整った状態で行われるのが通例であるが、消防活動は、災害地直近の部隊から集結して活動を開始し、段階的に強化され整うものである。

　したがって、消防活動に伴う現場指揮は、方向を与え、後方を準備することのみでは不十分であり、状況によっては、具体的、個別的な指揮を行うことが必要で、現場で仁王立ちし、あるいは傍観しているようなことは許されない。

　消防活動は、先着する大隊長等の中級指揮者が応急的な活動方針を示し、活動中の場面に現着するケースが大部分であり、その方針を追認してそれを補完し強化するとともに、現場管理業務に当たるのが一般的である。

　しかし、経験の浅い中級指揮者は、現場の雰囲気に支配されやすく、また場当たり的になりがちである。特に、大部隊を投入して対応する大規模災害あるいは特殊災害時には、狼狽して指揮者不在になりがちである。

いずれの場合でも、指揮本部長は、当初の活動方針にとらわれることなく情報に基づき、戦術的識見と洞察力によって、何が効率的でより被害軽減に結びつくかを冷静に模索して方針を定め、それを明確に示して全隊員の士気を鼓舞しながら新たな体制で活動を展開させる勇気が必要である。

先着する中級指揮者の命令を大幅に変更する場合の基本的事項は、次のとおりであり、いかなる場合でも、指揮本部長は遅疑 逡 巡 することは厳に戒めなくてはならない。

ア　活動部隊を確実に掌握すること。

イ　明確な企図のもとに方針を示すこと。

ウ　その命令が適時適切なものであること。

エ　部下の指揮者（大隊長及び各指揮隊長）がその方針をもとに独断専行の余地のあるものであること。

特にエについては、消防活動の特性から号令化されている命令が多い。

なお、消防活動の開始後に、大幅な戦術の変更を行うと、部隊が混乱し、体制が整うまで予想以上の時間を要することが多いので、注意しなければならない。現場では、わずかな情報をもとに即断即決する果断の指揮者であることが強く求められる。

そのため、日頃から決断力の錬成に努め、日常遭遇する特異な対象物や施設での災害を想定した、消防戦術や消防力の算定、部隊の運用、補給等に関する研究や指揮訓練を積み重ねておくことが必要である。

また、現場指揮は、資料を見ながら判断し、方針を示すという余裕はない。混乱する現場で出せる力は、実力の30％といわれている。

より適切な判断のもと、効率的な部隊指揮を行うためには、あらかじめ災害種別ごとに現場管理カード（表2−1参照）を準備し、そのカードに重要な要素を簡記して活用を図る等の方法を考えておくことが必要である。

なお、地下街、大規模特殊用途（百貨店、劇場等）の耐火建物、指定（特殊）可燃物収容倉庫等の火災は、複雑な内容となっていることが多いので、努めて多くの情報をもとに多角的に検討して慎重に方針を決すべきである。

消防活動が指揮本部長の意図する方向に展開され、順調に進められる段階に至ったら、次の事項を重点に現場を見極め、対処することが必要である。

表2－1　現場管理カード（例）

木造（防火造）火災用　　　　　　　　　　　　　　　　○　○　署隊長

区分	項　　　目	内　　　容
初期	現　場　確　認	1　建物構造、収容物等 2　行為不明者、延焼方向、活動危険
	所　要　の　消　防　隊	ポンプ隊、救助、救急隊等の過・不足
	戦　法　確　認	1　検索、救助　　2　筒先配備　　3　警戒
中期	重　点　箇　所　確　認	1　居住者、勤務者等の確認 2　背面、隣棟関係、小屋裏等の確認
	部　　隊　　管　　理	1　分担指揮の要否　　2　部隊の重点補強
	情　　報　　管　　理	1　重要情報の秘守　　2　確保関係者の管理 3　プライバシーの保護
後期	安　　全　　管　　理	倒壊、落下等の配意、危険箇所のフォロー
	報　　道　　準　　備	1　火災経過等総記事項の確認 2　問題点の整理　　3　コメントの用意
	規　制　解　除　の　検　討	1　警戒区域　　　2　被災家屋への立入り 3　交通規制
	残　　火　　処　　理	1　重点箇所の指示　　2　分担処理
引揚時	1　説示書交付指導 2　引揚後の巡回警戒等 3　近隣町会等の意見の確認	

「注」　1　現場管理カードは、署隊長自らが研究して作成し、自分のものとしておくことが必要である。
　　　　2　カードの裏面は、火災の概要等の記入用紙としておくと便利である。

・　各指揮者から積極的に報告を求め、大局的に情報を把握し、増強、補完等の方針をタイミングよく打ち出すよう全力を傾ける。

・　消防活動は、「勢い」で行う場合が多い。勢いをそぐような命令を行ってはならない。（表2－2参照）

　　格言4　よく戦うものは、これを勢いに求めて、人に責めず　　　（孫子）

・　指揮に利便な位置に指揮本部を定め、みだりに本部を離れない。

・　部下の努力を有効に活用し、徒労に帰させることのないよう努力する。

・　特に重要な局面、時機には、率先垂範して処理に当たり、士気を鼓舞すると同時に、集中指向させる。

表2-2　勢い

消防活動は、時間との勝負であり、出場指令を合図に一斉に行動を開始し、気力を集中して一気に決着を挑む、いわゆる「勢い」による一気呵成が有効な場合が多い。

集団の活動は、きっかけをつかんで勢いづくと勢いが勢いを生み、計算を乗り越えた成果を生み出すものである。

「円石（せんじん）を千仞の山に転ずるが如（ごと）きは、勢いなり」……孫子

部隊の活動は、識・能（識見・技能）等のほかに、これを成就させる時の勢いが必要である。

1　勢いはその場に臨んで自然に生まれるものではなく、次のような準備と指揮者の判断があって初めて組織としての飛躍的な成果をあげうるものである。
(1)　実力を蓄積し、士気を高めておく。
　　（部下を教育訓練し、挑戦意欲を持たせ、洞察力を養っておく。）
(2)　最も適切な時機に命令を発する。
　　（危機意識を持たせ、タイミングを見計らって命令する。）
(3)　勢いに乗せる。
　　（集中させ、団結させる。）
(4)　勢いを増す方策を考える。
　　（はずみをつける。激励し、苦労をねぎらう。支援体制を強化する。）
2　一層勢いを生み出す組織体制としては、次のようなことを日常感化しておくことが必要である。
(1)　格調の高い目標（ロマン）を持たせる。
(2)　同一目的への共感（団結心）を持たせる。
(3)　担当する役割の認識と責任感（使命感）を持たせる。
(4)　目標達成の積み重ねにより自信をつける。
3　部隊活動の過程で、次のような要因があると、勢いは減退するものである。
(1)　原則論にこだわりすぎると、勢いは生まれない。
(2)　先任の指揮者を無視した大幅な方針の変更は、勢いを減退させる。
(3)　部隊を分散活用すると、勢いは生まれにくい。
(4)　活動の過程で過失やマイナス効果を指摘すると、勢いは減退する。
(5)　活動が迷うような言動は、勢いが減退する。

---

(1)　状況判断

状況判断は、現場指揮活動の基本であり始点である。

現場指揮は、「判断⇨決心（決断）⇨活動⇨確認⇨評価⇨修正（変更）」の順に進められ、これを繰り返して終息させるのがスタンダードな型である。

より効果的な現場活動を行うためには、判断に誤りがあってはならないし、正しい判断をするためには、確実で良質な情報がスムーズに収集されなければならない。

元来判断は、幕僚の業務である。しかし、初期の災害現場では、幕僚の判断資料をもとに決心し、行動に移すという余裕はない。

ア　統率者自身が行う情報収集

　(ア)　自らが積極的に要点となる方面に出向し、収集に努めよ。

　　　（無線情報や報告のみでは、現場に即した正しい判断はできない。）

　(イ)　現場を素早く読み取り、実態を把握せよ。

　　　（情報は、実態からの信号である。また、変化を見落とさない。）

　(ウ)　情報を過信するな。

　　　（角度を変えて検討し、裏付けとなる情報源を確認する。）

　(エ)　聞く耳を持て。

　　　（ベテランほど部下の意見を軽視し、俺についてこい式の指揮に陥りがちである。また、重要情報は、素早く統率者に報告する習慣付けをせよ。）

　以上のようなことに留意して、収集した情報をもとにこれを分析あるいは総合して、指揮者が、いつ、何を、どのような方法で対処するか（任務の達成方法）を考え、方向付けをすることが状況判断である。

　災害現場での状況判断は、最善策を望まない。常に次善策で迅速に対処し、災害の変化に応じて必要な修正を行うことである。

イ　状況判断の要点

　(ア)　危険側に立った判断を行い、楽観をしない（最悪事態に備える）。

　(イ)　先入観に陥り、あるいは根拠のない直感に頼らない。

　(ウ)　現場は修羅場であり、過失の連続である。方針は単純明快なものとせよ。

　(エ)　具体的に早急に実施すべきことが多くある場合は、優先順位を定め、被害軽減の度合い等を考慮して順序を決め、手早く着手せよ。

　(オ)　一局面にとらわれずに俯瞰的視座に立って判断をせよ。

　これらのことを考慮しながら、具体的には、地域及び構造、施設の特性、消防力の集結状況、戦闘能力等を検討し、実現可能な活動方針を決定することになる。

　より適切な状況判断を行うためには、戦術的な知識の修得と経験を踏むことである。

　これが自信を生み、核心を見通す心のゆとりと迅速に対応し得る頭の回転の早さを生むものである。

　また、過去の災害に学ぶことを忘れてはならない。過去の特異災害を分析・検討すると、多くの教訓を見出すことができるものである。

　　過去の災害の問題点、教訓等を収集し、科学的に分析して体型的に整理したものが戦術書や活動基準である。

⑵　決　心

　　状況判断は客観的な思考であるが、決心は主観的な実行である。

　　決心とは、「私はこうする」と心に決めること、すなわち指揮者の意志決定である。

　　なお、決心した上で「きっぱりと物事を決める」ことが決断であるとして区分する考え方もあるが、消防活動では区分する意義を有しないので、総称して「決心」として解説することにした。

　　決心は、指揮作用の根源をなすものであり、決心を準備し、決心をし、決心を実行に移す作用が指揮である。

ア　指揮本部長がよりよい決心を行うために心得るべき原則的な事項

　㋐　目的をしっかりつかみ、時をたがえず決心する。

　　　（行うべき時に、行うべき所で、行うべき事を決心し、実行する。）

　㋑　信念のない決心は、迫力がなく、動揺する。

　㋒　可能性と限界をよく分かった者が、覚悟を持つことができる。

　　　（手持部隊の可能性と限界を知ること。）

　㋓　決心した内容は、だれでもがうなずける科学的根拠がなければならない。

　　　（道理を外せば信用は落ちる。）

　㋔　条件が備わるのを待つのではなく、自ら条件を作り上げていくのが決心である。

　㋕　決心は、よい人の思慮の深さをもって初めて優れた行動力を生む。

イ　現場で決心する場合の留意事項

　㋐　決心は即座に行い、小刻みに行ってはならない。

　㋑　先着した下級指揮者が示した方針を、みだりに変更して活動成果を徒労に帰すことになってはならない。

　㋒　単純明快でない決心は、部下に徹底しない。

　㋓　決心の方向を誤ってはならない。

　　　（方法は修正できるが、方向の修正は困難である。）

　㋔　活動方針を示すこと（積極消火法）だけが決心ではない。

（決心をしない決心（窒息消火法の選択）も決心である。）

　格言5　われ未だ志をえざるとき二字を大切に守れり、忍耐これなり

　　　　われ正に志をえんとするとき四字を大切に守れり、大胆不敵これなり

　　　　われ志をえしのち、四字を大切に守れり、油断大敵これなり

（徳川家康）

(3) 命　令

　統率者が混乱している現場で行う命令は、指揮下の全隊員を一つの目標に向かって、統一的な消防活動を展開させるために行うのが基本である。

　したがって、下級の指揮者がその判断で処理できるような個別的な事項を、みだりに拘束するような内容であってはならないし、特別な事情のない限り若干の過誤や疑問があっても、その命令を変更しないことが大切である。

　また、「統帥綱領」において「命令の意味をほんとうに理解できるのは、発令者だけである。」とされているように、発令者の意図の浸透には時間を要するものである。

　現場では、各種の指揮内容や障害を図示したり、その場に臨んで具体的に指示をする等のことが必要である。特に核となる重要な部隊には綿密な指示が必要で、無線による指令や、伝令を通じての指示では徹底できない。

　既述のように、消防活動は、先着する大隊長が初期の情報をもとに方針を定めて、活動中の場面に上級の指揮者が現着し、指揮権の委譲を受けてその方針が徒労にならないよう追認し、部分的な修正をしながら終息へと努力するのが一般的である。

　しかし、時には早期に大幅な方針変更を行わなければならない場合がある。

　活動方針の大幅な変更は、現場の消防部隊の混乱に拍車をかけるばかりでなく、体制が整うまで相当の時間を要し、先着指揮者の士気を低下させる。

　また、方針変更に伴う間隙により予期し得ない事態を招く場合もあり、慎重に行わなければならない。

　大幅な方針変更は、次の手順によることが大切である。

ア　関係情報を十分検討して変更の決心をする。

イ　現地幕僚及び所轄大隊長等に変更指針を示し、次の作業を実施させる。

　㋐　所要の消防力の算定及び運用手配

　㋑　各部隊の指定局面及び任務割

　㋒　新方針移行までの応急措置要領の検討

ウ　指揮隊員、中小隊長を指揮本部に集合させ、次の対応をとる。

　㋐　自ら活動方針を示す。

　㋑　幕僚により、アの指針に基づく任務等を各隊に具体的に指示させる。

エ　指揮隊長、中小隊長により、各々の隊員に変更指針及び自己隊の任務、具体的な作業等を徹底させる。

　防災活動は、命令の実施状況を確認し、その内容に応じ柔軟に対応することが大切である。

　確認方法には、復唱（命令の際、同じことを唱えて確認する方法）、復命（命令の実行状況の報告）、報告、連絡等の方法があるが、いずれも自動的に監督できるように設けられたもので、随時報告を求め、あるいは自ら出向して確認し、検討・評価を行い、逐次修正しなければならない。

　また、確認は、日頃からそのしつけを厳しくしておくことが必要である。

　ただ、緊迫した現場では感情が高ぶり、また真に苦境に陥っている部隊は物を言わなくなる（報告できなくなる）。

　したがって、状況を察知して現地幕僚を専任させ、あるいは自らが速やかに出向して確認を行うことが必要である。

　　格言6　*指揮官は、決心に基づき適時適切なる命令を発する*

　　　　　　　　　　　　　　　　　　　　　　（大日本帝国陸軍「作戦要務令」）

　命令は、発令者の意志及び受令者の任務を明確適切に示し、かつ、受令者の性質と識量とに適応させることを必要とする。

　　格言7　*受令者自ら処断し得る事項は、みだりにこれを拘束すべからず*

　　　　　　　　　　　　　　　　　　　　　　（大日本帝国陸軍「作戦要務令」）

4　評　価

　消防活動は、個々の部隊の総和が、その災害の成果として評価される。

　もちろんそこには、統率者を頂点として行う組織的な活動が基本ではあるが、どの部隊を核としてどの部隊がそれを支援するのか等、主・従の関係が存在する。

　また、各部隊の消防活動は、基本活動を踏まえてその現場に適合する柔軟な対応が求められる。

　基本活動とは、過去の苦い経験や教訓を積み上げて集大成とし、示されたものである。規定、例規、消防戦術書及び具体的、個別的な作戦計画等である。

　これらのことを踏まえて、個々の部隊がその災害の被害軽減にどのように機能したかを技術性、困難性、功労度合い等の面から客観的に評価するものである。

　評価は、誰もが納得する公平なもので、評価によってその信頼を失うような内容になってはならない。

　部隊の評価に際し、統率者として特に注意すべきことは、次のとおりである。

(1)　各部隊の責任者である中・小隊長の意見を十分に聴き、幹部の意見のみで評価をしない。

(2)　消防活動は、先着隊が大きなウエートを占める。到着順による時系列的な検討を忘れない。

(3)　現場で目につく部隊が功労隊とは限らない。真に貢献した部隊を見落とさない。

(4)　その行為は小さくとも、大きな功・過の原動力となっている部隊を見落とさない。

5　統率者の資質

　統率者は、十分な職務遂行能力と資質を備えていなければならない。

　統率者の職務遂行能力は、職責遂行上の問題点を的確に把握し、状況に最も適応した解決策を判断し、実行する能力を指すものであり、次のような能力とされている。

(1)　戦略、戦術等に関する知識と能力

(2)　組織の管理技能

(3)　職員の指導・育成技能

(4)　大局の先見、洞察力に関する技能

　また、資質は、統率者が備えるべき人格上の徳目（他人に良い感性を与える全人

表2-3　孫子の五徳

第一に智、第二に信、第三に仁、第四に勇、第五に厳
(1)　智について
　　統率者は集団の顔、その集団の代表者である。その時々の状況に即して決断をし、指示をしなければならない。そのためには、智が必要である。創造力がいる。統率者は創造力に富んだ者でなければならない。
(2)　信について
　　信とは、自分の言った言葉に対して、しっかり責任を持つということである。
　　統率者は自分の言ったことに対しても責任を持たなくてはならない。それが信である。
(3)　仁について
　　集団生活をするためには仁がなければ、その生活はなりたたない。
　　仁とは愛情である。
　　統率者は愛情豊富な人でなければならない。
　　部下に対する愛情（思いやり）は、統率者にとって必須のものである。
(4)　勇について
　　統率者に勇気がなければ、その集団の士気は奮い立たない。困難な状況に直面したとき部下は必ず統率者の顔を見る。統率者が勇気を持って泰然としていれば、部下はそれで安心する。
　　統率者は、目標（任務）に向かって邁進せねばならない。途中に起こるさまざまな困難を克服するためにも、勇気がいる。
(5)　厳について
　　厳は部下に向けるものでなく、自分に向けるものである。
　　今のような時代には、特に自分に対して厳しいということが重要である。
　　統率者は自分に厳しくなくてはならない。
　　地位が上がり、責任が重くなればなるほど、自分に対して厳しく持さなければならない。

格的要素）を指すものであり、徳目としては「孫子」の五徳（智、信、仁、勇、厳）、「呉子」の4条件（威、徳、仁、勇）が多くの文献に紹介されている。

　「孫子」の五徳を要約すると、「智」とは、戦略（戦術）策定能力（洞察力、判断力）、「信」とは、約束を守る、嘘をつかないこと、「仁」とは、思いやり、「勇」とは、勇気、「厳」とは、情に流されない厳しさ…ということである。

　また、「呉子」の徳とは、人を引きつける人間的な魅力であり、「威」とは、人に威圧感を与えること、すなわち威は、各々の条件とする要素を体得して初めて成立するものである。

　なお、職務遂行能力については、上司の指導や部下の補佐によって補うことができるが、資質については、主として自分自身の情意に属する働きであって、他で補い得ることのできないものであり、その研さんに努めることが必要である。

　「孫子」の五徳に関する解説を、表2-3として添付することとした。

第2 幕 僚

1 幕僚制度

　東京消防庁の場合、幕僚は、常時の所掌事務と性格及び地位により上席幕僚と幕僚に、また現地幕僚と本部幕僚に区分される。

⑴　上席幕僚は、通常は警防参事（警防課長）が当たり、各幕僚の情報を総括して幕僚業務を統一し、警防本部長（消防総監）を補佐することを任務とする。幕僚は、警防部内の課長・室長・副参事が常時の分掌事務に従い、警防本部長の業務を代行する警防部長を補佐する。

　　なお、震災、水災等広域災害の発生時等で本庁に作戦室が開設されたときは、警防部上席幕僚が作戦室長として作戦業務を担当し、各部の上席幕僚（参事）が所掌事務（主として兵站業務）に基づき警防本部長の補佐に当たる。

⑵　現地幕僚は、常時の災害に際し、副署隊長、方面隊副長及び警防部幕僚が災害の規模と内容により現場に出場して、現場の指揮本部長（第二指揮体制以上）の下で業務を行う。

　　なお、本部幕僚は、本庁にあって警防部長を補佐する警防部幕僚をいう。

2 幕僚の識・能

　幕僚は、指揮本部長の補佐として活動方針に関する助言を行うとともに、状況によっては指揮機能を分担する。

　また、不在時等にはその職務を代行するものであり、特に次の識・能及び資質が重要である。

⑴　創造力（企画力）

　　幕僚は、関係規定、消防戦略、消防戦術、火災現象、消火論理、各種作戦計画、災害事例、地理、水利の状況その他防災に関連する事項の調査・研究を行い、災害時に適切な方策を出し得る創造力とこれを実行し得る企画力の修得に努めること。

⑵　総合判断力

　　幕僚は、現場の災害状況を的確に把握するとともに、災害の進展状況を洞察して総合的に判断し、対応し得る能力を保持すること。

(3)　実行力

　　幕僚は、あらゆる災害に対応し得る気力と体力を保持し、必要事項は直ちに実施するとともに、部下が困難に直面しているときは、勇気を持って率先垂範して見本を示し、その成果を確認するまでその場を離れないこと。

(4)　責任感

　　幕僚は、現場の指揮本部長に対しては誠実かつ積極的に仕え、職務の遂行に当たっては、身をもって責務の完遂に努め、消防活動の成否は、指揮本部長とともにその責に任ずる旺盛な責任感を保持することが必要である。

3　現地幕僚

(1)　概　念

　　幕僚は、頂点となる指揮者（統率者）を補佐する幹部職員であり、その根源は統率者にある。幕僚は、部隊を指揮する権限を保有しないのが原則である。

　　現場での部隊活動は、「二人の良将よりも一人の愚将」とされ、どのような大部隊であっても一人の指揮者によって行われることが大切である。

　　一人の統率者を頂点として全隊員がその傘下に入り、その活動方針に従い、一糸乱れぬ消防活動を展開することが最も大切なことである。しかし、広範囲にわたる災害現場の進展状況や、集結してくる大部隊の掌握を一人で行うことは極めて困難であり、これを補佐するスタッフが必要である。このような主旨で設けられているのが幕僚制度である。

　　大部隊を統一的に活動させるのに最も都合のよい指揮体制を考えるとき、実施するグループと考えるグループをうまく組み合わせて組織することである。この典型的なものが、ラインとスタッフ制である。ラインは、指揮系列に属するグループであり、上位の指揮者の命令を受けて下級指揮者又は隊員に命令を下し、管理する実施部門である。スタッフ（幕僚）は、現場を統括する指揮者に決心の資料を提供し、決心を実行に移す業務の担当者で、指揮権は持たない。

　　幕僚は、指揮本部長の補佐として、次の任務に当たる。

ア　意見決定の前提となる情報を収集・分析及び統合し、指揮本部長に提供すること。

イ　指揮本部長が決心すべき内容を進言すること。

ウ　指揮本部長が決心した内容を命令として伝達すること。

エ　実施状況を監視し、方針の修正及び応援要請の検討を行うこと。

オ　燃料及び食糧補給を検討すること。

カ　現場広報に関すること。

　すなわち、情報の収集と命令の伝達が主な任務であり、個別に命令をしてはならないとするのが幕僚活動の基本である。

　しかし、消防活動は、時々刻々と変化する災害に各隊が迅速に活動体制を整え、一刻も早く被害防止活動を開始しなければならない。消防隊にとって最善策とは限らず、次善策で対処することが求められている。初期における活動は、先着の指揮者が方向付けを行い、後刻それを継承・補正して、消防活動が展開されるのが普通である。

　また、災害対応は、ライン・スタッフが整った体制で初期から活動することはまれである。

　このようなことから、現地幕僚は、制度上統率者の補佐機関として、情報活動や命令伝達を行うほか、次の任務を行うことになっている。

○　統率者の命令により、担当局面、業務の分担指揮に当たる。

○　上級指揮者が現場に到着していないときは、指揮宣言をすることにより出場部隊の統括指揮を行う。なお、下位の指揮者（中級の指揮者が統括指揮すべき災害現場）の場合でも、指揮権を留保することができる。

○　幕僚業務に従事している場合でも、現場に臨んで状況により新たな決心を要する場合は、臨機の措置として統率者の意図を推察して独断専行することも許容される。

○　幕僚は、現場で下級指揮者に必要な指導を行わなければならない。

　以上の任務は、消防活動の特性から定めたもので、幕僚活動の主体は、指揮本部長への資料の提供と進言である。

　進言は、指揮本部長との間に十分な意思の疎通が図られていることが前提となるが、指揮本部長の長所を伸長し、短所を補い得る内容となるものでなければならない（表2-4参照）。

(2)　独断専行

　現場活動は、指揮本部長の方針に従い、その管理下で実施することが原則である。しかし、災害対応の当初や第一指揮体制時においては、指揮本部長を代行す

表2-4　進言の秘訣(ひけつ)

1　自信を持っていることは、それをけなさない。 　（消防戦術に富むことを自負する人には、現場で戦術上の誤りを指摘しない。） 2　危険な活動を中止させるときは、その責任をほのめかし安全な方法を例示する。 3　まずい計画を自画自賛しているときは、それとなく別の成功例を挙げ修正を促す。 4　利己的ではないかと躊躇(ちゅうちょ)していたら、大義名分を見出し正当化してやる。 5　統率者を賞賛するときは、他の類似の行為を例にする。 6　過去を気にしているときは、同様な他の例とその結果を挙げ気楽にさせる。

る幕僚が大隊長を指導して行うことが一般的である。

　また、統率者と共に出場した場合でも、短時間に集中する多くの業務を一人で処理することは困難であり、単に補佐として機能するのみでなく、場面場面で独断専行しなければならない。

　ここでいう独断専行とは、統率者に代わってその意図を体し、自らの判断と決心によりその現場に最も適合する戦術を選択して消防活動を展開することであり、統率者の意向を無視してわがまま勝手に行う「独断専姿」とは異なるものである。

　したがって、独断専行による活動は、統率者の命令によらずに現地幕僚自身の決心によるものである。

ア　決心した活動方針は、上司の意図にかなう合理的で妥当なものであること。

イ　アに基づく活動は、統率者の名において行われるものであり、その責任は指揮本部長にあること。

ウ　活動内容等は警防本部及び統率者に報告して了承を得ること。

エ　その活動が統率者の総合的な判断に基づく方針にそぐわないときは、直ちに修正を行うものであること。

　一方、災害の規模と性質によっては、本庁及び方面本部の幕僚要員が監察員等として早期に出場し、現場活動を行う場合が多い。これら幕僚要員は、災害活動に関する多くの経験と知識を有している。単に監察的な観点から現場を監視することなく、進んで統率者の傘下に入り、積極的な進言を行うとともに、大勢が決するまでは局面を分担し支援することが大切である。

第2節　大隊長

災害の実態把握

 ## 第1　災害の実態把握

　災害現場では、指揮本部長が迅速に災害の実態を把握し、明確な活動方針を立て、組織活動をもって対応しなければならない。特に、人命に関する情報を最優先とした災害の実態把握に早期に着手することが、指揮本部長の重要な任務の一つである。

　大規模災害、特異災害等では、収集すべき情報内容が必然的に多くなり、さらに複雑となる。収集する内容も緊急度、重要度を勘案して迅速に把握することが必要である。

　実態不明のままむやみに活動を開始することは、効率的な消防活動が展開できないだけでなく、消防活動の危険性、困難性を増大させることになる。

　活動は、出場指令内容から災害発生地の環境、対象物の状況等を対策資料などにより確認、推定するとともに、現場到着後は、直ちに火災対象物の外見、関係者等からの情報収集及び先着中隊長からの報告により多角的に情報を収集し、迅速に災害の実態を把握することである。

防災センターでの情報収集

1　初動時の把握

(1)　指揮本部長は、活動方針の決定に重大な要素となる対象物の状況、災害の状況、人命危険、拡大危険及び作業危険等の状況を緊急に把握する。

　　ア　対象物の状況　　（構造、階層、用途、規模、進入口等）

　　イ　災害状況　　（種別、火点、延焼、噴煙、流出、汚染、避難等）

　　ウ　人命危険　　（要救助者の有無、人数、場所等）

　　エ　拡大危険　　（火勢、隣棟との距離、風速、開口部等）

　　オ　作業危険　　（落下、倒壊、爆発、危険物等の有無、その他）

(2)　関係者を早期に確保することを最優先とし、特に危険物、放射性物質など化学災害等では、専門的知識のある施設関係者を確保する。当該施設等で保有する測定器具、中和処理剤、応急措置実施状況等を確認する。

(3)　防災センター等で消防用設備等、建築設備等の監視盤の表示から、火点、延焼範囲、煙の流動範囲及び各設備の作動状況を確認する。

(4)　要救助者、火傷を負っている者、錯乱状態の者等は重要な情報を持っている。これらを見逃すことなく早期に接触し、情報収集に当たる。

2　外見による把握

(1)　災害の実態把握は、関係者からの情報収集のみに固執することなく、対象物の外部からの状況（構造、用途等）、災害の状況（延焼状況、噴煙状況等）及び拡大

先着隊からの状況確認

危険等について外見により把握する。

(2)　現場付近の道路、交通状況、隣棟等周囲の状況などを含め、消防活動環境を把握する。

3　人命に関する情報

(1)　人命に関する情報は、不確定な情報であっても軽視することなく、直ちに対応手段を講ずる。あいまいなものであっても、軽視したり握りつぶしてはならない。

(2)　雑居ビル、共同住宅等の火災では、関係者からの情報を過信してはならない。占有部分について個別に収集し、これを組み合わせて全体的に把握する。

4　各種対策資料等の活用

(1)　警防本部、署隊本部を通じて警防情報及び予防情報を積極的に活用し、対象物の実態把握に努める。

(2)　建物等の内部状況が不明であれば、活動に限界がある。早期に関係者と接触し、建築図面、設備図面等の提出を求め、内部区画等を確認する。何もなければ関係者に略図を描かせ、状況を説明させる。

5　消防隊からの状況把握

(1)　最前線には重要な情報が多くある。先着中隊長及び活動中の各級指揮者から担当面の災害状況及び活動状況を積極的に確認し、実態把握の要素とする。

(2)　災害の種別、規模等に応じてヘリコプターの早期要請を行い、上空からの情報

先着隊からの状況確認

収集を併せて行う。

6　現場到着時の確認

　消防隊が現場到着してからは、消防の責任、管理に移行することを認識し、到着時、延焼範囲や関係者の動向等を確認するとともに記憶しておくことが必要である。

　また、これが消防活動評価の要件となる。

第2　状況判断

　指揮本部長は、災害の実態把握と進展予測を行い、消防部隊の集結、活動状況等をもとに総合的に判断し、とるべき方策、決断の時機等を冷静に判断しなければならない。

　災害現場では、未知と不確定要素に加え、真実と虚報が入り交じった大量の情報が交錯している。指揮本部長は、早期にそれらの要素、情報の一つ一つについて事実の推定又は判断を冷静に行うことである。

　状況判断は、特に直感、先入観、希望的観測を避け、常に危険側に立って判断することが基本である。また、できるだけナマの情報に基づき、一局面にとらわれることなく、現示された状況と変化の兆候を冷静に把握し判断をすることが必要である。

　指揮本部長は、対象物の構造、用途等を視認し、人命危険、拡大危険、作業危険及び二次災害発生危険等について判断するとともに、特殊車等の部隊の要請可否を判断

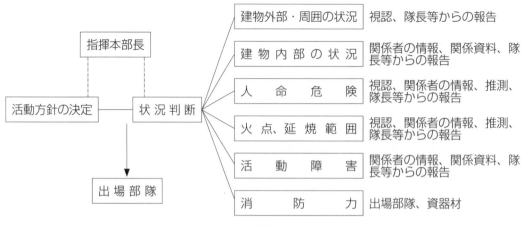

図2－3　指揮重点の決定

する。例えば、そで看板が多数あれば人命危険が大きい雑居ビルと判断し、早期に関係者の確保とはしご車等の応援要請を行う。

 ## 第3　活動方針の決定

　指揮本部長は、社会的かつ経済的影響も十分考慮して、トータル被害の極限防止を目標とした活動方針を明確に示し、各級指揮者を通じて周知徹底することである。

　活動方針の決定に当たっては、いたずらに局面の態様に左右されることなく、災害の状況、進展予測、活動状況及び部隊の集結等について大局的に判断し、確固たる信念をもって決定しなければならない（図2－3参照）。特に修羅場において指揮本部長に要求されるのは、最善策よりも目標とその手段を明確に示すことである。

1　活動方針の迅速性

⑴　災害現場において、災害の実態を把握し、迅速に活動方針を決定することが、指揮本部長の重要な任務である。

⑵　災害の実態が不明な場合においても、判明した範囲内で実態を推定（危険側に立った状況判断）し、活動方針を決定する。

　なお、不明要素は迅速に追跡を行い、必要により活動方針の修正、変更を行う。

2　活動方針の変更

⑴　指揮本部長は、常に災害の状況、活動環境を把握しつつ、変化に応じた対応が必要であり、活動方針の変更は勇気をもって行う。

⑵　指揮本部長は、常に災害の状況と消防活動の成果を確認し、成果が期待できないと認める場合は、速やかに活動方針を変更して新たな展開を図る。

アーケードの火災

(3)　活動方針を変更した場合は、直ちに活動隊員に周知するとともに、各級指揮者から確認をとる等により徹底する。

3　救助優先

(1)　消防活動は、人命救助最優先が鉄則である。火点建物、周囲建物には、情報のいかんにかかわらず逃げ遅れがいると予測して、迅速に人命検索の活動方針を示す。

(2)　火煙等により逃げ遅れた者に危険が切迫しているときは、全てに優先して要救助者の救助を活動方針とする。

第4　指揮本部の運営等

　災害現場においては、指揮本部長の決定する活動方針を実現するため、各隊が様々な任務を分担して遂行することとなる。

　一方、各隊の活動はそれぞれ密接な関係があり、一部の隊の恣意的行動は、他隊の活動に思わぬ影響を及ぼし、消防活動全体が大きな支障を受けることとなる。

　したがって、災害の規模、態様に応じた組織活動を展開させるためには、指揮本部長を中心とした指揮本部が各隊への任務下命、活動統制などその機能を最大限に発揮し、円滑な運営に当たることが重要である。

　特に指揮本部長の任務は、災害の実態把握、活動方針の決定、部隊指揮、応援要請、

現場指揮本部の状況

現場指揮本部の状況

現場通信、現場広報など多彩かつ広範囲であることから、スタッフとしての指揮隊の
有効活用がポイントである。

1　指揮本部の設置

(1)　指揮本部の設置は、災害の態様、規模から消防隊の活動が3隊以上となる場合
　　を基本とし、そのほか警戒区域を設定した場合、災害規模が大きくなることが予
　　測される場合など指揮本部長が判断するものとする。

報道発表の状況

⑵　指揮本部の開設時機は、おおむね第一出場隊の部隊配備（任務付与）が完了した時点を目標とする。

　　ただし、災害の規模、態様に応じて指揮本部の設置を省略し、縮小することができるものとする。

⑶　指揮本部は、災害の状況及び周囲の環境等により、指揮隊車等の車内で運用することにも配意する。

⑷　防災センターを有する対象物では、指揮本部を防災センター内に設置することを原則とするが、高層ビル等で無線障害がある場合は屋外に指揮本部を設置し、防災センターとの連絡体制を確保する。

⑸　指揮本部を設置した場合は、位置等を含めて警防本部に報告するとともに、出場各隊に周知する。

2　指揮本部の運営

⑴　災害現場における指揮本部長の位置は、常に明確でなければならない。

　　指揮本部開設後は、努めて指揮本部において指揮を行う。

　　なお、状況把握等のため指揮本部を離れる場合は、指揮隊長あるいは指揮担当が指揮本部に位置することに配意する。

⑵　指揮本部長は、管轄指揮隊の機能を最大限に発揮させるため、情報の収集、分析、整理、伝達等について具体的に指示を行うとともに、情報指揮隊、署隊本部、

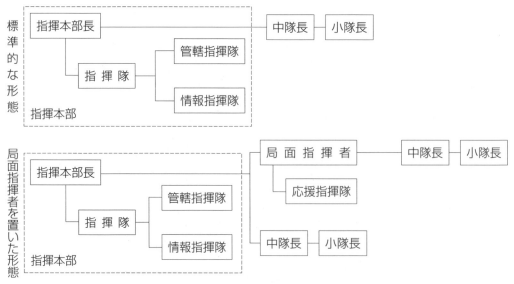

図2-4　指揮系統及び活動形態

　　警防本部等と連携した指揮本部運営に当たる。

⑶　指揮本部の周囲を統制し、特に報道関係者の取材等が活発で指揮本部の運営に
　　著しく支障を及ぼすおそれがあると認める場合は、指揮本部と別に広報場所を設
　　定するなどの配意をする。

⑷　指揮本部で収集した情報の整理、分析はその都度行い、必要に応じて下命し、
　　あるいは情報を活動中の各隊にフィードバックする。

3　前進指揮所の設置

⑴　指揮本部長は、大規模、複雑な災害や活動範囲が広い場合等で指揮本部が部隊
　　を直接コントロールした指揮活動を行うことが困難な状況下では、前進指揮所を
　　設置して指揮分担を行う。

⑵　前進指揮所には、担当隊長を指定するものとし、担当隊長には応援指揮隊長等
　　をあてる（図2-4参照）。

⑶　前進指揮所担当隊長には、局面指揮（背面、北側、上階等）、局部指揮（人命検
　　索・救助、消火、排煙、水損防止等）又は救急指揮等の具体的な任務付与を行う。

⑷　各隊からの活動環境、活動状況等の報告及び各隊への下命は、原則として前進
　　指揮所を通じて行う。

⑸　指揮本部と前進指揮所は、携帯無線機等で連絡体制を確保する。

現場救護所の状況

4　警戒区域の設定

(1)　火災警戒区域

　　火災警戒区域は、消防法第23条の２に基づき設置することを認識する。

ア　ガス、火薬、危険物等の飛散、漏えい、流出等の事故で人的、物的に被害を
　　与えるおそれがある場合は、速やかに火災警戒区域を設定する。

イ　警戒区域設定に当たっては、測定器を有効に活用するとともに、関係機関及
　　び専門的知識を有する関係者と密接な連絡、協議を行うものとする。

ウ　警戒区域の設定範囲は、道路、街区、地番等で指定することを基本とし、最
　　初は安全を考慮して広めに設定する。

　　なお、設定範囲を縮小する場合は、測定器等で安全を確保した後、順次縮小
　　するものとする。

エ　警戒区域は、ロープ等で明示するほか、隊員、消防団員に指示し、あるいは
　　警察官の協力を得て必要な措置を講ずる。

オ　警戒区域を設定した場合は、警防本部に報告するとともに、消防隊及び付近
　　住民等に「設定時間、設定範囲、区域内の禁止・制限等」の必要事項を口頭、
　　拡声器などを活用して周知徹底する。

カ　火災警戒区域内では、原則的に火気、投光器など火花を発生するおそれのあ
　　る資器材の使用は禁止する。

高速道路上の火災

キ　指揮本部長は、区域内の消防活動統制を強力に行い、原則として安全が確認できるまでは、進入禁止とする。

　　なお、消防活動のため、緊急かつやむを得ず隊員を進入させる場合は、電路、ガス等の着火源の遮断、耐熱服の着用など安全を最大限に確保することに配意する。

ク　指揮本部長は、警戒区域を設定した場合は、付近住民を規制していること、交通障害等を踏まえ、常に警戒区域の段階的縮小、解除に配意する。

(2)　消防警戒区域

ア　消防活動上の障害、延焼、倒壊などにより危険がある場合又は危険が予想される場合は、付近住民に対して消防活動上必要な範囲を明示する。

イ　高圧ガス、アセチレンボンベ等がある場合は、それらの爆発危険及び建築物の配列、構造等による延焼又は倒壊危険を考慮して、警戒区域を設定する。

ウ　警戒区域は、火点を中心として風下側を広くとり、道路境界等を警戒線とする。

エ　その他については、火災警戒区域の設定とおおむね同様とする。

トレーラーの火災

第5　現場指揮

　災害現場では、指揮本部長が災害状況及び部隊を掌握し、明確な活動方針のもとに組織的な活動を展開し、トータル被害の軽減を目標として指揮を行うことである。

1　指揮の基本

　指揮本部長の活動方針を実現させる手段として、各隊に具体的に指示命令を行うとともに活動を統制することが、現場指揮の基本である。

　したがって、指揮本部長は、消防活動の核心であり、いかなる事態に対処しても沈着、冷静な判断を行い、確固たる信念をもって現場指揮に当たることである。

2　留意事項

⑴　消防活動は、人命検索・救助を第一とし、消火活動は、周囲建物への延焼防止を主眼とした指揮を行う。

⑵　災害の状況、部隊の集結及び機能を掌握し、各級指揮者を通じて具体的に下命（任務付与）を行う等各隊の任務を明確に示す。

⑶　災害の状況等から部隊が不足すると判断した場合、あるいは特殊な部隊及び資器材が必要と判断した場合は、躊躇することなく応援要請を行い、迅速に活動態勢を確保する。

⑷　特異災害、大規模災害等の場合は、消防活動範囲が広く、また複雑となること

船舶火災

から、早期に応援指揮隊を要請するなど指揮本部機能を強化する。

⑸　災害現場では、常に危険が存在、また潜在していることを認識し、活動環境及び各隊の活動状況の掌握に努める。

　　特に活動中危険を察知した場合は、直ちに一時退避等の措置を講じるとともに、危険情報は全隊員に周知徹底する。

⑹　指揮本部長の統制下で活動させることが鉄則であり、一部の隊の恣意的行動は、消防活動全体に大きな影響を及ぼすことから、統制下での活動を徹底させる。

⑺　事前に配備した筒先は、延焼後の筒先よりも数倍の威力を発揮する。

　　早期に隣棟、直上階に警戒筒先を配備し、延焼に備える。

⑻　火災現場では、焼失による直接被害と、交通遮断、水損等による間接被害が生ずる。トータル被害の極限防止は消防活動の目標であり、間接被害の軽減にも常に配意した指揮を行う。

▌第6　報　告

　指揮本部長が災害の実態を把握するためには、あらゆる手段を用いて情報収集に取り組むが、特に最前線で活動している各級指揮者からの報告は、極めて重要であり価値がある。

　一方、警防本部に対する現場報告は、部隊運用あるいは現場指揮に必要な事項を各

倉庫火災

隊に周知することを意味しており、極めて大切なものである。

　したがって、指揮本部長は、応援要請、命令伝達及び現場報告について、時機を失することなく適時に行わなければならない。

　また、当然のこととして、署隊長、副署隊長等上席者が現場到着した場合は、災害の状況、活動状況、これまでとった措置、今後の対応方針等について報告をしなければならない。

1　各級指揮者からの報告

(1)　各級指揮者から、随時担当面の災害状況、活動状況等の報告をとる。

(2)　人命危険、活動危険等の重要かつ緊急事項は、直接指揮本部長に報告させる。

(3)　報告は、携帯無線に限定することなく、必要により口頭又は伝令員をもって行わせる。

2　警防本部への報告

(1)　初期は、災害の場所（所在、名称、用途等）、災害状況（延焼状況、延焼拡大危険、要救助者等）、作業危険、応援要請、活動方針などを報告する。

(2)　災害の進展状況、災害の特異性及び活動の困難性を把握し、応援要請を行う。
　　また、指揮本部長の上位指揮者への移行は、時機を失することなく報告する。

(3)　中期は、警防本部への報告内容を随時確認し、要請、報告に誤り及び漏れのないようにする。

高層建物の火災

(4)　警防本部及び署隊本部からの災害支援情報は、指揮本部長に報告し、指揮本部
　　運営に反映する。

(5)　後期は、延焼拡大危険の収束を判断して報告するとともに、二次火災等に備え
　　転戦可能隊を把握し報告する。

第3章

各種指揮要諦

「東京消防庁　消防活動基準」抜粋

統括指揮要諦

 第1　総　論

　指揮本部長は、消防活動の核心であり原動力である。

　いかなる事態に対処しても沈着冷静、旺盛な責任感と確固たる信念をもって部隊を統率し、その職責を最も効果的に遂行しなければならない。

　指揮本部長は、部隊の行動について全責任を負うものである。

 第2　状況判断

　状況は、決心の基礎である。

　指揮本部長は、積極的に情報を収集して、災害の状況及び各隊の現況を総合的に把握し、大局を洞察して、とるべき方策、決断の時機等を絶えず冷静周到に判断しなければならない。

1　状況判断は、直観、先入観及び希望的観測を避け、現場の情報に基づいて冷静に行うこと。

2　一局面や小事にとらわれず、総合的な状況把握に努めること。

3　状況判断のための主要な情報は、災害の実態、各隊の現況及び活動環境（気象、近隣の状況等）に関するものであること。

4　初動時における情報は、対象の実態、人命危険、作業危険及び拡大危険に関するものを優先して収集すること。

5　状況の変化の徴候を見逃さないこと。

6　情報には必ず情報源を付し、推測によるものはその理由を明示し、誇張又は悲観的表現は避けるよう訓練しておくこと。

 第3　決　心

　指揮機能の核心となるものは、指揮本部長の決心である。

　指揮本部長は、状況判断に基づき、時機を逸せず明確に部隊の活動方針を決定しな

ければならない。

　また、状況が変化した場合は、遅滞なく事態に対応しなければならない。

1　状況不明等の理由により、決心をためらってはならないものであること。

2　活動方針は、一度決心したら多少状況の変化があっても変えないこと。

3　状況把握が不完全のまま決心した場合は、下命後状況把握に全力をあげること。

4　指揮本部長の決心が遅れれば、部下は個別に行動を開始し、収拾し難い状態に陥
　るものであること。

5　決心の内容は、具体的であること。

 ## 第4　命　令

命令は、決心を部下に実施させるための重要な意志伝達である。

　下命に際しては、その意図を明らかにするとともに、受命者の任務を明確に示さな
ければならず、かつ、強固な意志をもって意図の実現を期さなければならない。

1　命令は部下の行動を細部まで拘束せず、部下に判断の余地を与えること。

2　下命に際しては、受命者の能力、性格等を配慮すること。

3　下命事項は報告をとって状況及び結果を確認すること。

4　重要な命令は、到達の確認をとること。

5　任務を明示することは、以後の掌握を容易にし、かつ責任関係を明らかにするも
　のであること。

6　下命は、指揮系統に従うことを原則とするが、緊急の場合は直接関係する部隊に
　行うこと。

 ## 第5　組織の活用

　指揮本部長は、指揮支援が必要であると認める場合は、警防本部に現地幕僚等を要
請し、必要な意見を求める等組織を十分活用しなくてはならない。

1　災害の規模により、現地幕僚等の任務を指定するとともに、現地幕僚等は積極的
　に指揮支援に当たること。

2　必要があれば、現地幕僚等に指揮隊等を付すること。

第6　部下掌握

指揮は、部下を完全に掌握することから始まる。

指揮本部長は、随時報告を求めて部下の位置、活動状況を確認し、その掌握に努めなければならない。

1　部下等の連絡手段は、常に確保すること。

2　掌握する内容は、命令の遂行状況、部隊の過不足、危険性、疲労度、心理等であること。

3　少なくとも延焼防止の段階では、全隊の状況を総合的に確認すること。

4　適時部下に全般の状況を通報して、安心感を与えること。

第7　安全管理

部下の安全を確保することは、指揮本部長の主要な任務である。

指揮本部長は、下命に際し常に危険性に配意するとともに、部下の活動環境を把握して、危険性の事前排除に努めなければならない。

1　指揮活動の全てに安全に対する配慮がなされなければならないこと。

2　孤立している筒先は、絶えずその状況を確認すること。

3　危険性が著しい場合は、躊躇（ちゅうちょ）なく一時退避等の緊急措置を下命すること。

4　危険性のある現場においては、厳しく行動統制を行うこと。

5　事故発生の場合は、現場が混乱しがちであるから、現場管理を徹底して実施すること。

第8　臨機の指揮

指揮は、災害の態様に適応しなければならない。

指揮本部長は、いたずらに原則又は基本にこだわらず、英知と柔軟な思索により、状況に最も適合する手段を選択しなければならない。

1　指揮本部長は、災害の多様性に対応し得るよう研さんを怠らないこと。

2　災害活動が事前命令により難い場合は、速やかに補正すること。

第9　事前命令

　定期的、原則的な活動基準は、事前命令としてあらかじめ部下に示達しておくことを要する。事前命令は、現場において別命なく実施されるように、部下を演練しておかなければならない。

第10　戦力の維持

　戦力の主体は士気にあり、士気の主たる要素は使命感と自信である。

　指揮本部長は、常に使命感の振興に努め、部下の体力、気力の充実を図るとともに、実戦的訓練を反復実施して、自信を高め、精強な戦力を維持しなければならない。

1　部隊の士気は、指揮者の士気によって決定されるものであること。
2　消防活動が一段落した時機は、疲労と緊張の緩みから不慮の事態が起きやすいため、積極的に士気の高揚に努めること。
3　消防活動が長時間に及ぶと予測される場合は、早目に部隊の交替を計画し、はつらつとした活動体制を維持すること。

第11　団　結

　消防活動は組織活動である。

　指揮本部長は、部下の人間関係に配意して連帯と親愛互助の基礎を強化し、組織の一体性と有機性を確保しなければならない。

第12　規律の保持

　組織活動の根幹をなすものは、規律である。

　指揮本部長は、規律の実体が上下の信頼を前提とする服従にあることを深く思索し、常に厳正な規律の保持に努めなければならない。

第13　自己研さん

　指揮本部長は、指揮の重責を果たすために、常に人格を発達させ、知識、技能の修得に努め、部下から尊敬と信頼を得るように努力しなければならない。

現場指揮要諦

第1　総　論

指揮者は、命令に基づき、部下隊員を指揮して所要の任務を遂行し、指揮本部長の意図を最も効果的に実現しなければならない。

第2　率先垂範

1　指揮者は、常に部下隊員の士気に配意し、必要により自ら垂範して士気を鼓舞しなければならない。

2　隊員に不安感や恐怖感のある場合、又は作業に特別な技術を必要とする場合は、指揮者自ら行うこと。

第3　組織活動

指揮者は、指揮本部長の指揮下で組織活動が整然と行われるよう配意しなければならない。

1　全体の消防活動と自己隊の任務との関連を絶えず把握して行動すること。

2　任務が明らかでない場合は、積極的に指示を求めること。

3　任務が完了した場合は、報告して事後の指示を求めること。

第4　指揮本部長の代行

最先着中隊長等は、上位の指揮者が到着するまでは、指揮本部長の任務を代行しなければならない。

1　代行任務の主要なものは、次の事項であること。

⑴　人命検索、救助

⑵　情報収集

⑶　現場報告

⑷　筒先配備

⑸　応援要請

2　上位の指揮者が到着した場合は、災害の経過及び実施した処理を簡潔に報告すること。

第5　隊員の掌握

指揮者は、絶えず部下隊員の位置、活動状況等を完全に掌握していなければならない。

1　部下隊員が恣意に行動することのないように、確実に把握すること。

2　筒先進入位置は、自ら必ず確認すること。

3　危険箇所への出入は、強く統制すること。

第6　判　断

指揮者は、受命事項を確実かつ効果的に実施するための方策を判断しなければならない。

1　自己隊の任務を基本において、とるべき手段を判断すること。

2　自己隊の能力、装備等を前提にして判断すること。

3　部下隊員に無駄な負担を掛けないように、手段と効果を勘案すること。

第7　下　命

指揮者は、部下隊員に任務を下命する場合は、厳然たる態度をもって明確に行わなければならない。

1　命令は、疑義を持たないよう具体的であること。

2　命令は、一度に多くを与えないこと。

3　命令は、隊員の技能を考慮すること。

4　命令は、復唱させること。

第8　情報処理

指揮者は、絶えず情報の収集に着意し、重要な情報を把握した場合は、迅速に上位の指揮者に報告しなければならない。

1　全ての部下隊員は、情報の触角となること。

2　人命危険及び作業危険に関する情報は、指揮本部長に迅速に報告すること。

 ## 第9　報　告

　指揮者は、受命事項の遂行状況、担当面の状況等を随時上位の指揮者に報告しなければならない。

1　適切な報告は、指揮本部長の状況判断に大きく貢献することに着意すること。

2　報告は誇張又は憶測を避け、事実に基づく内容であること。

3　自己隊の活動内容及び処置等については、時機を失することなく必ず報告すること。

4　無線で報告困難な場合は、口頭又は伝令員を派遣して行うこと。

 ## 第10　他隊との連携

　指揮者は、担当面の状況、把握した情報等を他の指揮者に通報して、連携を保持しなければならない。

1　検索等救助行動の要否を確認した指揮者は、他隊指揮者に速やかに知らせること。

2　倒壊、爆発危険等を察知したときは、他隊の指揮者に速やかに知らせること。

 ## 第11　状況への適応

　指揮者は、災害の態様により事前命令又は基本戦術により難い場合は、状況に適応する手段を選択しなければならない。

　災害は多様であるため、いたずらに基本又は原則にこだわらないこと。

 ## 第12　臨機の処置

　指揮者は、不測の事態に遭遇して指示を受ける余裕がないときは、自らの判断により迅速に処理し、事後速やかに指揮本部長等に報告しなければならない。

1　倒壊、爆発危険がある場合は、速やかに退避させること。

2　先着中隊長は、注水危険、爆発危険等がある場合は、全隊の行動を規制し、注水禁止、進入禁止等の緊急措置をとること。

第13　安全管理

指揮者は、絶えず部下隊員の活動環境を確認して、その安全を保持しなければならない。

1　指揮者は、自ら危険の排除に当たること。

2　危険の高い作業は、自ら安全を確認すること。

3　危険の排除には、資器材を積極的に活用すること。

第14　訓　練

指揮者は、付与された事前命令の徹底を図るとともに、命令の遂行能力をかん養し、常に最大の戦力が発揮できるように、部下隊員を練成しておかなければならない。

1　訓練の基本は、隊員の技能、体力等自己隊の実態を把握することであること。

2　訓練の目標は、指揮者の意図するとおりに行動できる状態に隊員を演練することであること。

3　訓練は、隊員の技能等を考慮して、推進計画を定めて、効果的に実施すること。

第15　団　結

指揮者は、相互信頼を基調とする隊の連帯感を高め、組織の一体性を確保しなければならない。

1　チームワークは、指揮者と隊員間の信頼感が必要であること。

2　チームワークは、指揮者以下苦楽を共にする連帯感が大切であること。

幕僚活動要諦

 第1　任　務

　幕僚は、指揮本部長を補佐する任務を有する。

　幕僚は、指揮本部長の状況判断及び決心を容易にし、その意図の徹底を図り、指揮が最も効果的に行われるように努めなければならない。

 第2　責　任

　幕僚は、部隊の行動について、指揮本部長とともに責任を負担する決意をもって、補佐の任務を遂行しなければならない。

 第3　指揮権との関係

　幕僚は、部隊を指揮する権限を有しない。ただし、指揮本部長から下命があった場合は、局面の指揮を担当する。

 第4　情報報告

　幕僚は、指揮本部長が決心すべき内容を機敏に察知し、必要な情報を迅速に収集分析して、適時指揮本部長に報告しなければならない。

 第5　意見具申

　幕僚は、冷静、周到に状況を分析し、とるべき手段、必要な資器材等を検討し、指揮本部長に意見を提出しなければならない。

 第6　幕僚間の連携

　各幕僚は、相互に情報を交換し、意志の疎通を行って、各担当任務を通じて最も効果的に指揮本部長を補佐しなければならない。

第7　戦術の検討

　幕僚は、常に現有消防装備の実態を把握するとともに、必要な知識の修得に努めて、戦術の検討を行い、幕僚活動時にこれを活用しなければならない。

参 考 文 献

東京消防庁警防部　『新消防戦術　第1編　指揮』㈶東京連合防火協会／東京法令
　　　　出版　1992

岡村誠之　『指揮統率論　現代日本のリーダーシップ』　東洋政治経済研究所　1964

岡村誠之　『統率指揮及び戦術　治安警備のために』　霞が関出版会　1972

岡村誠之　『現代に生きる孫子の兵法』　産業図書　1962

後藤敏夫　『組織への挑戦　組織の変革と行動科学』　帝国地方行政学会　1971

大橋武夫　『統率学入門　部下を動かす18の法則』　ビジネス社　1974

大橋武夫　『統帥綱領入門　会社の運命を決するものはトップにあり』　マネジメント
　　　　社　1979

大橋武夫　『統率』　三笠書房　1986

佐々淳行　『危機管理のノウハウ』　文藝春秋　1991

増田　護　『統率者の条件　「フォローミーの精神」を活かすリーダーシップ』
　　　　ダイヤモンド社　1989

鎌田　勝　『リーダーシップ名言集　人を活かし、自分を伸ばす』　三笠書房　1986

守屋　洋　『名参謀の条件』　三笠書房　1986

東京消防庁警防部　「消防活動基準」（2023年3月現在）

大日本帝国陸軍　「作戦要務令」

大日本帝国陸軍　「統帥綱領」

指揮の要諦
指揮者の心得

令和5年5月15日　初版発行

監　修／東京消防庁

発　行／公益財団法人 東京連合防火協会
　　　　東京都千代田区大手町1－3－5　東京消防庁内
　　　　〒100-8119・TEL 03(3212)4010
　　　　東京法令出版株式会社

112-0002　東京都文京区小石川5丁目17番3号　03(5803)3304
534-0024　大阪市都島区東野田町1丁目17番12号　06(6355)5226
062-0902　札幌市豊平区豊平2条5丁目1番27号　011(822)8811
980-0012　仙台市青葉区錦町1丁目1番10号　022(216)5871
460-0003　名古屋市中区錦1丁目6番34号　052(218)5552
730-0005　広島市中区西白島町11番9号　082(212)0888
810-0011　福岡市中央区高砂2丁目13番22号　092(533)1588
380-8688　長野市南千歳町1005番地
　　　　〔営業〕　TEL 026(224)5411　FAX 026(224)5419
　　　　〔編集〕　TEL 026(224)5412　FAX 026(224)5439
　　　　https://www.tokyo-horei.co.jp/

ISBN978-4-8090-2522-8